饶宗颐九十寿庆集锦

主编　陈韩曦

广东高等教育出版社

图书在版编目（CIP）数据

东洲鸿儒：饶宗颐九十寿庆集锦 / 陈韩曦主编. —广州：广东高等教育出版社，2007. 9
ISBN 978-7-5361-3557-4

Ⅰ. 东… Ⅱ. 陈… Ⅲ. ①饶宗颐-思想评论-学术会议-文集 ②饶宗颐-人物研究-学术会议-文集 Ⅳ.K825.4-53

中国版本图书馆CIP数据核字（2007）第146392号

广东高等教育出版社出版发行
地址：广州市天河区林和西横路
邮政编码：510500 电话：（020）87553335
广东信源彩色印务有限公司印刷
787毫米×1 092毫米 16开本 15.25印张 211千字
2007年9月第1版 2007年9月第1次印刷
定价：80.00元

目录 Content

人生篇

文选篇

中共中央政治局委员、广东省委书记张德江亲切会见饶宗颐教授

在庆祝饶宗颐教授九十华诞典礼上的致辞

许嘉璐

尊敬的饶宗颐先生，尊敬的曾荫权特首，尊敬的各位嘉宾，尊敬的各位学界前辈与师友，女士们，先生们：

非常高兴能够有幸参加饶宗颐先生的九十华诞庆典。首先请允许我以一名后学和私淑的名义衷心祝愿大师健康长寿，万事胜意！

饶宗颐选堂先生是当代百科全书式的大师。他博贯古今，文通中外，举凡国学中的儒、释、道，尤其是儒学中的经史子集，典章制度，天文律历，按西学分科的文、史、哲、艺，无不赅洽，著作等身，精深博大，创一家之言。

我不是治史学的，长期拘拘于小学，知闻不广。即以我以往学习选堂先生部分论著时的体会而言，窃以为今天庆贺先生大寿的最好寿礼，是学习他在将近一个世纪中不知老之将至的求知欲、永无尽头的创造力；是学习他既不步前人后尘，又不轻疑古人，尊重传统、实事求是的治学精神；是学习他沉静深思、不求速成、朴实无华的学风；是学习他悲智双运，爱国爱民，“立根本，识大体，通大

全国人大常委会副委员长许嘉璐致辞

义”，把研究与弘扬中华传统文化紧密结合的博大胸怀。

选堂先生治学七十余载，这一过程对于个人而言是十分漫长的，而如果放眼人类文明发展的长河，又是短暂的一瞬。选堂先生正是以一个历史学家、哲学家的睿智法眼看待历史，参透个人和学术、个人和历史的关系，所以真正做到了“云在青天水在瓶”，“桃花随水到天涯”，真正体现了“大音希声，大象无形”，“无我”，“无法”，充分显现了中华传统学人的优良传统，以儒为本，兼存释、道，“为天地立心，为生民立命，为往圣继绝学，为万世开太平”，把名利誉毁视如敝屣的高贵品格。因而“桃李不言，下自成蹊”，受到多国学者的敬重和钦佩。

选堂先生是香港的骄傲，是中国的骄傲，是中华民族伟大文明和智慧的骄傲。我们从他的学术生涯甚或一部论著或一幅书画墨宝中都可以感受到中华民族五千年文明史所形成的优良学术传统，领悟到作为一位学人的生活真谛和生命价值。

今天，我们学习、宣传和弘扬先生的这些精神，尤其必要而紧迫。现在，物质成为许多人的唯一追求，人与人之间似近实远，道德伦理在某些人眼中几乎已经成为老朽的代名词，急功近利、浮躁浮夸的风气一路畅通地吹进学术圣地。与此同时，另一种现象也严重存在，这就是故步自封、因循不变，不愿越乾嘉诸老的雷池一步；或以西方现代结论为绝对真理，视民族传统文化为需要彻底清除的垃圾；更有甚者，固执己见与急功近利一旦结合，在一定范围内就将严重损害学术民主，成为学术自由和进步的巨大障碍。长此以往，学术“名家”的桂冠将要变了味道，也必然出现不了大师。这将是民族的悲哀，人类的损失。

尊敬的饶宗颐大师，尊敬的各位嘉宾，女士们，先生们：

我们正处在一个伟大的变革时代，中华民族就要在这个伟大时代实现伟大复兴。科学技术的飞速发展、中华民族的光辉未来、中华民族所赖以生存生活的环境、人类的精神需求和未来的命运，正在急切地等待着人文社会科学的启示，呼唤着中华文明的复兴，也期待着学术的良知。让我们以选堂先生为楷模，坚持不懈、踏踏实实地进行研究，为构筑新时代的学术大厦，为弘扬和发展中华民族的文明，为世界的稳定与和平发展做出中华学人应有的贡献！

再次衷心祝愿选堂大师健康长寿！

谢谢！

2006年12月14日

Panasonic
EPSON
LG
TCL
Haier
OLYMPUS
CHINA MOBI

香港篇
PHILIPS
SAMSUNG

饶教授九十华诞寿宴
在香港会展中心举行

饶教授九十华诞庆
典当晚的香港夜景

时间：2006年12月13日
地点：香港中央图书馆展览馆

走近饶宗颐——饶宗颐教授学艺兼修展览

当代百科全书式的大师

许嘉璐赞扬饶宗颐教授是“当代百科全书式的大师”，而且博贯古今，文通中外。他指出，给选堂先生最好的寿礼，是学习他在将近一个世纪中不知老之将至的求知欲永无尽头的创造力；是学习他尊重传统、实事求是的治学精神；是学习他沉静深思、不求速成、朴实无华的学风；是学习他爱国爱民，“立根本，识大体，通大义”，把研究和宏扬传统文化紧密结合的博大胸怀。

全国人大常委会副委员长　许嘉璐

文通六国　学富五车

曾荫权在贺辞中表示，在中国文化传统中，既重为学，也重修艺。他赞扬国学大师饶教授，乃旷世之才。“他理性思维的学术研究，与讲求感性的艺术创作并驾齐驱，是学艺兼修的典范。他的成就为国内外士林称颂。”

他说，饶教授文通六国，学富五车，更难得的是教授年届九十，依然研究和创作不辍，力求学术和艺术都更上一层楼，为学修艺之诚，实在令人敬佩。他期望市民能通过展览学习饶教授为学修艺的精神，加深对我国文化的了解，更好地为国家作出贡献。

香港特别行政区行政长官　曾荫权

古今中外学术艺术结合

高祀仁称扬饶宗颐教授深深扎根于中华文化之中，饶老是从潮州乡下来到大学殿堂，从广州到香港，又走向了世界。饶老读万卷书，行万里路，以有限生命不断地探索无涯学问的精神，十分值得年轻人学习。他认为，饶老的学艺实践向大众展现了这样一幅景象：东方的西方的合谐相融，古代的现代的融于一体，学术的艺术的融合一身。

中央人民政府驻香港联络办公室主任　高祀仁

饶教授向许嘉璐（右二）赠送《饶宗颐艺术创作汇集》

饶教授向香港特首曾荫权（右三）赠送《饶宗颐艺术创作汇集》

饶教授向李焯芬赠送《饶宗颐艺术创作汇集》

饶教授向何志平赠送《饶宗颐艺术创作汇集》

饶宗颐与许嘉璐、曾荫权夫人曾鲍笑薇等观赏展览

全体嘉宾合影留念，一排从左到右依次为：林建岳公子、高佩璇、陈甘美华、许嘉璐、饶宗颐、刘遵义、高祀仁、李嘉诚、陈伟南、庄学山。二排从左到右依次为：单周尧、黄锡楠、汪德迈、孙蔡吐媚、林建高、方平、余志明、余陈丽娥、孙少文、林建岳、许学之、谢贤团、徐诉璇、王侨生、林枫林、梁元生

时间：2006 年 12 月 13 日
地点：香港会议展览中心

饶宗颐教授九十华诞寿宴

饶教授九十华诞寿宴于 2006 年 12 月 13 日晚在香港会议展览中心紫荆宴会厅举行。寿宴由“饶宗颐学术馆之友”筹办，其会长孙少文（左一）主持并致欢迎辞，全国人大常委会副委员长许嘉璐（右五）、文化部副部长兼故宫博物院院长郑欣淼（左五）、中央人民政府驻香港联络办公室副主任李刚（左四）、民政事务局局长何志平（右三）分别致贺辞。香港大学副校长、中国工程院院士李焯芬（左二）代表饶教授致答谢辞。出席寿宴的有研讨会学者和香港学术界、艺术界及其他各界人士，“饶宗颐学术馆之友”成员等共 400 余人

参加饶教授九十华诞寿宴的各界人士热烈欢迎饶教授进入会场。饶教授神采奕奕地走到盛宴中央，拱手一揖，对众人说："无量感恩！"

全国人大常委会副委员长许嘉璐发表热情洋溢的贺辞

文化部副部长兼故宫博物院院长郑欣淼致贺辞

中央人民政府驻香港联络办公室副主任李刚致贺辞

香港民政事务局局长何志平致贺辞

“饶宗颐学术馆之友”会长
孙少文主持寿宴并致欢迎辞

饶教授接受国家文物委员会颁
发的聘书

准备切生日蛋糕

饶教授由许嘉璐、家人等陪同一起切生日蛋糕

众嘉宾、亲友齐唱《生日快乐》

众嘉宾、亲友向饶教授祝酒

法国著名汉学家汪德迈向老师祝寿

饶教授在晚宴上的风采

香港儿童合唱团的小朋友在寿宴上表演合唱

小朋友扮演八仙祝寿

饶教授观赏小朋友的精彩表演

郑欣淼与饶教授亲切交谈

当饶教授步入宴会厅时，原暨南大学副校长、饶教授侄女饶芃子迎上前去，紧紧地拥抱饶教授，激动万分

饶教授与国际著名养生大师朱鹤亭（道号玄鹤子）亲切握手，左四为林大辉

羊城晚报首席记者樊克宁、记者邓琼将当日的《羊城晚报》作为生日礼物赠送给饶教授

时间：2006 年 12 月 14 日
地点：香港大学明华综合大楼

饶宗颐教授九十华诞国际学术研讨会

饶教授（中）、许嘉璐（左五）、郑欣淼（右五）与香港九所高校的代表在研讨会开幕式主席台上

饶宗颐教授与研讨会各组别学者合照（31–37 页）

學藝兼修·漢學大師
—饒宗頤教授九十華誕國際學術研討會
日 期：2006年12月14至15日 地 點：香港大學

日 期：2006年12月14至15日
地 點：香港大學

學藝兼修・漢學大師
—饒宗頤教授九十華誕國際學術研討會
日 期：2006年12月14至15日 地 點：香港大學

學藝兼修·漢學大師
——饒宗頤教授九十華誕國際學術研討會
日 期：2006年12月14至15日
地 點：香港大學

— 饒宗頤教授九十華誕國際學術研討會
日　期：2006年12月14至15日　　地　點：香港大學

饶教授在研讨会上发言

许嘉璐在研讨会上发言

郑欣淼在研讨会上发言

澳大利亚汉学家柳存仁在研讨会上发言

法国汉学家汪德迈在研讨会上发言

饶教授与许嘉璐、
郑欣淼亲切交谈

饶教授与汪德迈亲切握手

回忆往事，柳存仁教授热泪纵横，饶教授在旁亲切抚慰

潮州篇

时间：2006 年 12 月 16 日
地点：汕头

饶宗颐教授出席林百欣图书馆开幕式

饶教授与广东省政协副主席李统书合影

饶教授和林百欣夫人在会场上

2006年 12 月 16 日，香港一系列庆祝活动结束后，另一场庆祝活动是与会人士前往潮州参加“潮州饶宗颐学术馆”新馆落成庆典。在前往潮洲途中经汕头时，饶教授出席汕头林百欣图书馆开幕式

饶教授与广东省政协副主席李统书（右二）、林百欣夫人（左三）为汕头林百欣图书馆开幕剪彩

饶教授与陈伟南（左一）及众多嘉宾在汕头林百欣图书馆开幕式上

时间：2006 年 12 月 16 日
地点：潮州

饶宗颐教授回潮州

2006年 12 月 16 日，中共潮州市委书记骆文智（左一）、副市长陈建新（右一）在潮州迎宾馆迎接饶教授

饶教授与潮州市政协副主席沈启绵亲切交谈

饶教授和“饶宗颐学术馆之友”会长谢锦鹏在阅读当天的《羊城晚报》

饶教授与陈伟南（右一）、谢贤团（左一）先生在潮州市饶宗颐学术馆

饶教授与潮州市木雕大师李得浓亲切交谈

在潮州饶宗颐学术馆，饶教授与外孙女张圆瑛一起回忆 10 年前在澳洲寓所作画的日子

1996年饶教授在外孙女张圆瑛的陪伴下，于澳洲寓所后花园中创作巨幅山水画

饶教授与家族成员在潮州迎宾馆团聚合照

饶教授四兄弟团聚合照

饶教授与二弟饶宗硕

时间：2006 年 12 月 17 日
地点：潮州　韩山师范学院

饶宗颐教授学术研讨会

饶教授在韩山师范学院学术研讨会上发言

李焯芬发言

柳存仁发言

饶教授与汪德迈亲切交谈

汪德迈发言，他说：“教授是我的恩师。”

马泰来发言

王静芬发言

中共潮州市委书记骆文智陪同饶教授在会场

潮州市长汤锡坤向饶教授颁发“潮州文化卓越贡献奖”

饶教授与潮州市政府工作人员在潮州迎宾馆合影

饶教授同国内外与会专家学者在韩山师范学院图书馆前合影留念

图书馆

时间：2006年12月17日晚
地点：潮州宾馆

饶宗颐教授欢迎宴会

饶教授在中共潮州市委书记骆文智（右一）、市长汤锡坤（左一）陪同下走进宴会厅

在欢迎宴会上，饶教授向大家挥手致谢

时间：2006 年 12 月 18 日
地点：饶宗颐学术馆新馆（颐园）

饶宗颐学术馆剪彩

潮州饶宗颐学术馆新馆（颐园）落成典礼场面

小朋友献花

陈伟南致辞

骆文智致辞

饶教授在剪彩仪式上发言

饶宗颐学术馆新馆落成庆典仪式开始，醒狮齐悦，鼓乐声声，共奏欢庆

汤锡坤向饶教授敬颁“捐赠证书”和“收藏证书”

陈建新主持饶宗颐学术馆新馆落成庆典仪式

饶宗颐、骆文智（右一）、汤锡坤（左一）等为饶宗颐学术馆新馆落成剪彩

在潮州饶宗颐学术馆与香港饶宗颐学术馆
缔结姊妹馆仪式上双方馆长交换缔结书

饶教授在潮州市领导的陪同下进馆参观

潮州饶宗颐学术馆向香港饶宗颐学术馆赠送潮州木雕礼品

饶教授与骆文智、汤锡坤在贵宾室

占地面积 5800 平方米的潮州饶宗颐学术馆新馆（颐园）全貌

龍園
點染江山
陶鎔今古

颐园碑记

郑欣淼先生近照

颐园者，饶公选堂先生自题学术新馆之名也，其地为先生早年读书旧址。二十世纪九十年代，潮州市政府为表彰先生学术成就与艺术贡献，曾建学术馆于此。十年后，有关方面因旧馆稍嫌局促，又集钜资，于原地扩建新馆。迨其落成，适逢先生九十华诞，群贤毕至，少长咸集，良辰美景，亦一时之盛兴也。

新馆位于潮州城东，为典型潮式庭院建筑。背倚开元禅寺，面向韩江，距广济桥不过咫尺，与韩文公祠隔江相望。大门有联，曰“陶镕今古，点染江山”，已道出先生学艺双修特色。展室亦主要有二：一为“经纬堂”，陈列学术成果；一为“翰墨林”，胪示书画艺术。另有“天啸楼”等建筑及回廊、亭榭、水池诸景观。楼堂多有门联，悉出先生及当世名家之手。布置典雅，内容充实。流连其中，潜心揣摩，必将援鹑得髓，受益匪浅焉。

潮州自韩文公为刺史，兴学崇儒，遂有“海滨邹鲁”之称，至今人受其惠。中国自韩文公倡文遵道，文起八代之衰，道济天下之溺，至今人怀其德。苏子谓文公“匹夫而为百世师，一言而为天下法”，洵非过誉。而先生之于文公，正所谓异代接武者也。先生生于潮，长于潮，受文公遗惠深矣，于文公夙所心仪焉。年未弱冠，即撰《恶溪考》，于文公行迹颇多留意。年仅而立，又撰《韩文编录原始》，于韩文成集关注有加。后又常对文公《南山》诗与佛教关系进行研讨，并藉其一百零二韵为大千先生颂寿。先生受文公影响亦殊深也。一生以传道授业解惑为己任。犹记改革开放之初，大陆学子得读先生论著，悉既惊且佩，师事者甚夥，私淑者又不知凡几。先生亦勇担导师之责，学界亦以领袖期之焉。而今值中华民族伟大复兴，文化复兴更属千秋大业。先生博学精艺，于文化领域无所不窥，厥绩甚丰，厥功甚伟，不仅有惠于当代，亦且有德于后世。盖比诸文公，何多让焉！而此亦余始终景仰先生之所在也。

是为记。

潮州市国家历史文化名城保护建设委员会办公室　立石

文化部副部长兼故宫博物院院长　郑欣淼　2007年元月沐手拜撰

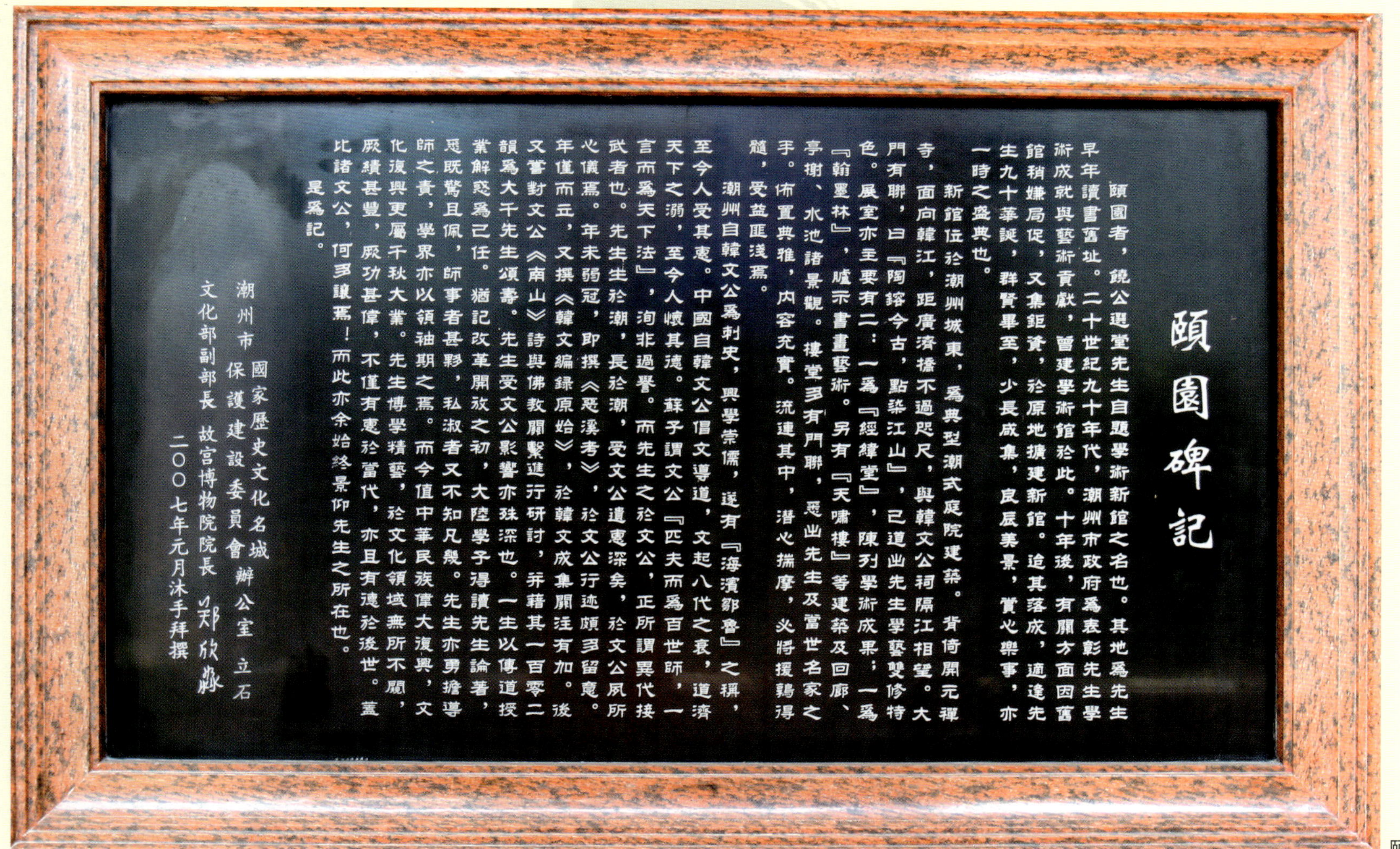
頤園碑記
頤園者，饒公選堂先生自題學術新館之名也。其地為先生早年讀書舊址。二十世紀九十年代，潮州市政府為表彰先生學術成就與藝術貢獻，曾建學術館於此。十年後，有關方面因舊館稍嫌局促，又集鉅資，於原地擴建新館。迨其落成，適逢先生九十華誕，群賢畢至，少長咸集，良辰美景，賞心樂事，亦一時之盛典也。
新館位於潮州城東，為典型潮式庭院建築。背倚開元禪寺，面向韓江，距廣濟橋不過咫尺，與韓文公祠隔江相望。大門有聯，曰『陶鎔今古，點染江山』，已道出先生學藝雙修特色。展室亦主要有二：一為『經緯堂』，陳列學術成果；一為『翰墨林』，臚示書畫藝術。另有『天嘯樓』等建築及回廊、亭榭、水池諸景觀。樓堂多有門聯，悉出先生及當世名家之手。佈置典雅，內容充實。流連其中，潛心揣摩，必將援鶉得髓，受益匪淺焉。
潮州自韓文公為刺史，興學崇儒，遂有『海濱鄒魯』之稱，至今人受其惠。中國自韓文公倡文導道，文起八代之衰，道濟天下之溺，至今人懷其德。蘇子謂文公『匹夫而為百世師，一言而為天下法』，洵非過譽。而先生之於文公，正所謂異代接武者也。先生生於潮，長於潮，受文公遺惠深矣，於文公夙所心儀焉。年未弱冠，即撰《惡溪考》，於文公行迹頗多留意。年僅而立，又撰《韓文編錄原始》，於韓文成集關注有加。後又嘗對文公《南山》詩與佛教關繫進行研討，并藉其一百零二韻為大千先生頌壽。先生受文公影響亦殊深也。一生以傳道授業解惑為己任。猶記改革開放之初，大陸學子得讀先生論著，悉既驚且佩，師事者甚夥，私淑者又不知凡幾。先生亦勇擔導師之責，學界亦以領袖期之焉。而今值中華民族偉大復興，文化復興更屬千秋大業。先生博學精藝，於文化領域無所不窺，厥績甚豐，厥功甚偉，不僅有惠於當代，亦且有德於後世。蓋比諸文公，何多讓焉！而此亦余始終景仰先生之所在也。是為記。
潮州市國家歷史文化名城保護建設委員會辦公室 立石
文化部副部長 故宮博物院院長 郑欣淼
二〇〇七年元月沐手拜撰

颐园碑记

創價大學頒授饒宗頤教授榮譽博士學位儀式

学艺篇

饶宗颐教授的学术历程

学术历程

饶教授是学富五车、著作等身的学者。他知识渊博，精通多种外语。70 多年来，他孜孜不倦，在文学、语言学、古文字学、敦煌学、宗教学及华侨史等方面都取得了卓越的成就。除了专著 60 多种外，尚有发表在世界各大学术期刊及各大书刊上的论文、短文和杂文约 400 篇。饶教授为国际汉学界及海内海外弘扬中华文化，作出了不可磨灭的贡献。

饶教授毕生事业长期以香港为基地，由此更能彰显出饶教授在传承中国文化方面的特殊性和创造性。我们可以将饶教授的学术历程粗略分为来港前（1949 年前）、香港大学（1952—1968）、新加坡大学（1968—1973）、香港中文大学（1973—1978）、退休后（1979 年以后）等五个时期。

来港前（1949 年前）

1949年来港前，饶教授主要从事古史地、《楚辞》、潮州古代史地和方志学等方面的研究，也旁及广东古代文献和考古学。这个时期最主要的著作有民国版《潮州志》和《楚辞地理考》等。

■《潮州志》（线装），1949 年汕头艺文印务局出版。民国时期（1946—1949）由饶宗颐教授担任总编纂，重修《潮州志》，内容翔确广博，分设有《沿革志》、《疆域志》、《大事志》、《地质志》、《气候志》、《水文志》、《物产志》、《交通志》、《户口志》等 15 个专门分志，共 20 分册，题材及体例皆精研创新，为中国地方志的一个开创性典范。

香港大学（1952—1968）

来香港后，饶教授深入地研究词学（特别是清词）、《文选》、甲骨与古文字学、《楚辞》学、上古史地、目录学和版本学等，成果斐然。饶教授1952年至1968年任教于香港大学，主要教授古典文学及文献学。这个时期他最主要的著作有《殷代贞卜人物通考》和《词籍考》等。同时他也对道教、佛教、敦煌学、简帛学、中外文化交流史、中国艺术史等学术领域渐次掌握，成为这些领域中很多研究课题的先行者，为后来的成就奠定了坚实的基础。

■《殷代贞卜人物通考》，1959年香港大学出版社出版。它是饶教授以20年心力，利用出土甲骨资料，全面而系统地研究殷商时代贞卜人物的甲骨学专著，更有学者认为这是一部早期商代社会原始资料最基本的综合研究。它出版后获中外学术界高度重视，共有13国文字书评予以介绍，在学术界产生了重要影响。韩国学者孙睿彻教授以10年时间将此著译成韩文，并于1996年出版。

■《词籍考》，1963年香港大学出版社出版，乃学术史上第一部以目录学和版本学研究词学的著作，其研究的方法与角度，为词学研究提供了丰实的研究资料。《词集考》为原著修订本，1992年由北京中华书局出版。

新加坡大学（1968—1973）

1968 年至 1973 年期间，饶教授出任新加坡大学中文系主任，对该系的建设贡献良多，并孜孜不倦于钻研学术。这个时期他最主要的著作有《敦煌曲》、《新加坡古事记》（一直修订至 20 世纪 80 年代末始安排出版）等。

■《敦煌曲》（Airs de Touen-Houang），饶教授于 1965—1966 年在法国国立科学研究中心从事研究，研究巴黎及伦敦所藏的敦煌资料。《敦煌曲》为中法文合本，书中利用了敦煌出土经卷曲子词的资料，探究词的起源问题，亦为研究唐代由西域经敦煌传入中原的乐曲提供了宝贵的原始资料。此著作由法国著名汉学家戴密微教授（Prof Paul Demi é vile)翻译成法文，于 1971 年由法国国立科学研究中心出版。

香港中文大学（1973—1978）

1973年至 1978 年，饶教授回港出任香港中文大学中文系讲座教授兼系主任，作育英才，不遗余力；课余更努力不懈于多个感兴趣的学术研究课题。这个时期他出版的最主要的著作有《敦煌白画》和《中国史学上之正统论》等。

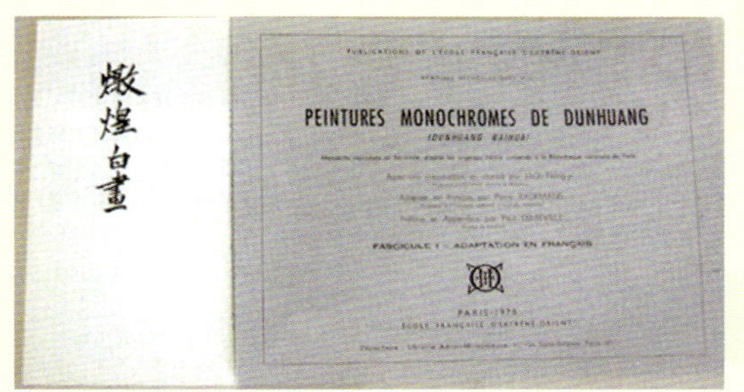

■《敦煌白画》，饶教授在 1978—1979 年法国高等研究学院讲学期间出版的。此书从敦煌卷子中的白描画即水墨线条画稿入手，专论唐代的画稿，为研究中国绘画书史，特别是唐代人物画领域里的第一部著作。饶教授本人的敦煌人物画创作，笔法即源出于此。

■《中国史学上之正统论》，1977 年出版。收罗从春秋到明清各代有关正统论的材料，对中国历史上正统观念的产生、变化和史家的争论作全面的分析与探讨，是研究中国史学的重要著作。

退休后（1979 年以后）

1979年，饶教授退休，但他坚信学者是应该退而不休的。饶教授一方面在澳门东亚大学（现澳门大学）的本科学院、研究院中国文史学部（至 1988 年止）和香港中文大学的艺术系兼课，另一方面在香港中文大学的中国文化研究所继续研究，一直至今。2003 年 11 月，香港大学成立饶宗颐学术馆，其中一个宗旨就是要延续饶教授永不言休的学术研究精神。这个时期是饶教授在学术研究方面的丰收期，硕果累累，其中最主要的学术编著有《选堂集林:史林》、《甲骨文通检》、《敦煌书法丛刊》、《虚白斋书画录》、《香港敦煌吐鲁番研究中心丛刊》、《补资治通鉴史料长编稿系列》、《饶宗颐二十世纪学术文集》、《符号·初文与字母——汉字树》和《饶宗颐新出土文献论证》等。

■《虚白斋书画录》，1983 年东京二玄社出版。虚白斋主人即香港著名书画收藏家刘作筹先生（1911—1993）。当时饶教授将刘先生所藏的书画编成书，所收书画涵盖的时代很广，饶教授所撰之解说词涉及对许多不同时代书画家的研究，融会其对中国古代书画史的心得。

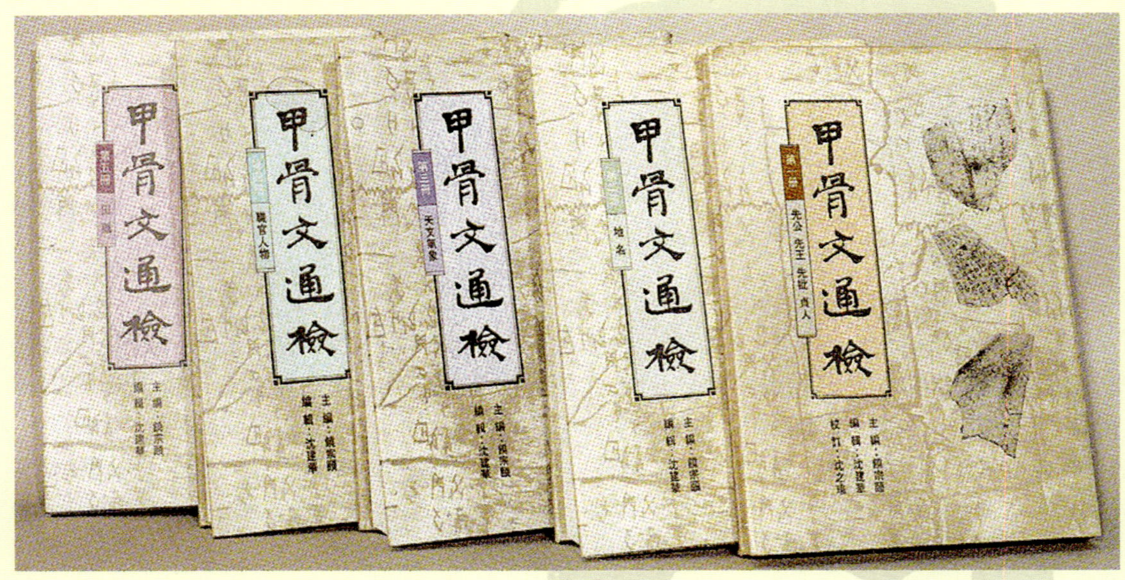

■《甲骨文通检》，饶教授主编，沈建华编辑，是一套五册的大型甲骨学分类索引，在 1989—1999 年间由香港中文大学出版社出版。此著不仅为甲骨学研究的工具书，且每册前言均载有饶教授对甲骨学研究的发现，以及其在甲骨研究范畴上的一些总结性意见。

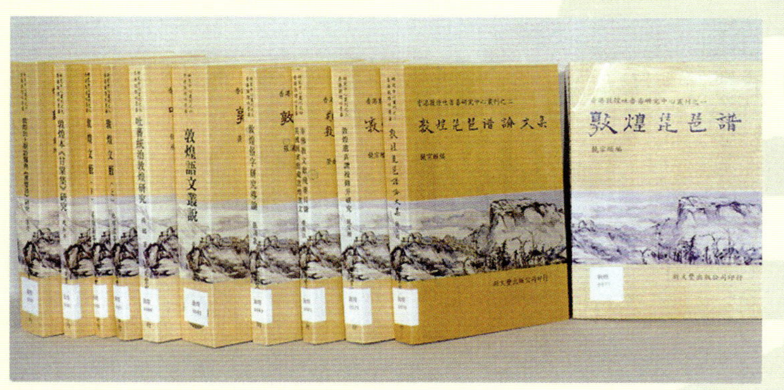

■《香港敦煌吐鲁番研究中心丛刊》，饶宗颐教授在香港中文大学主持“香港敦煌吐鲁番研究中心”，该中心的核心工作是编辑出版《香港敦煌吐鲁番研究中心丛刊》，多年来中心广邀学者就敦煌与吐鲁番研究做出论述，至今已出版论著十种。

■《补资治通鉴史料长编稿系列》，是香港敦煌吐鲁番研究中心的主要研究项目。饶教授希望通过近几年考古出土的资料，为司马光《资治通鉴》作史料方面的补充。现已出版论著八种。

■《敦煌吐鲁番研究》，由季羡林教授、饶宗颐教授和周一良教授联合主编，该学报获敦煌吐鲁番学界高度评价。主办单位包括中国敦煌吐鲁番学会、香港大学饶宗颐学术馆、香港中华文化促进中心和北京大学东方学研究院等。

■《华学》，1995 年由饶宗颐教授创办并担任主编，大型国际性学报。饶教授认为研究传统中国学问，得用中文撰写。学报由香港大学饶宗颐学术馆、清华大学国际汉学研究所、中山大学中华文化研究中心及泰国华侨崇圣大学中华文化研究院主办，至今已出版八期，所载学术论文质量深受国际学术界重视。

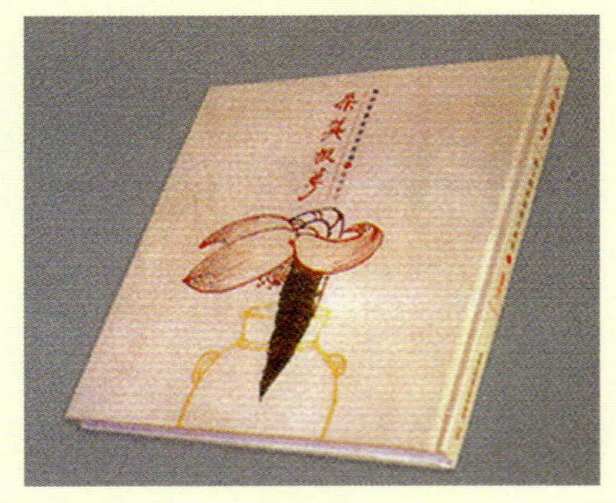

■《饶宗颐艺术创作汇集》，香港大学饶宗颐学术馆出版，收入饶教授 20 世纪 40 年代初至 2006 年艺术创作之成果，时间跨度超过 60 年。全套共 12 册，作品分门别类，包括山水、花鸟、走兽、人物等绘画，由甲骨至篆、隶、行、草各体书法，在文具、文玩及茶具上之书铭绘画，以及他与近现代 50 位书画家合作的作品。

■《饶宗颐二十世纪学术文集》，2003 年 10月由台北新文丰出版公司出版，并在同年 11 月 8 日香港大学饶宗颐学术馆揭幕典礼上举行首发式。收入饶教授近 70 载治学生涯中主要的学术研究论著，全套共 14 卷 20 大册，分有史溯、甲骨、简帛学、经术、礼乐、宗教学、史学、中外关系史、敦煌学、潮学、目录学、文学、诗词学、艺术、文录及诗词等领域。

1962年获法国法兰西学院颁授“儒莲汉学奖”

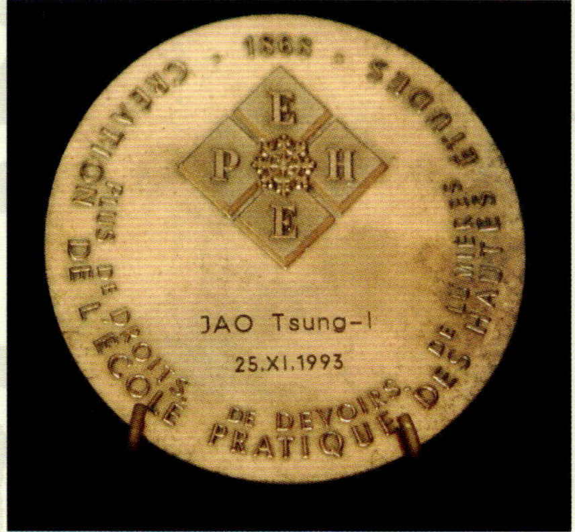

1993年获法国文化部颁授艺术及文学骑士勋章

2000年获香港特别行政区政府颁授“大紫荆勋章”

WAH KIU YAT PO　華僑日報　星期二　中華民國五十一年公曆一九六二年十一月六日

儒林特賞

法國駐港總領事昨在官邸舉行酒會以「茹蓮」漢學獎頒與饒宗頤講師　學術界與會者衆

星島晚報

中華民國五十一年（一九六二）十一月三日　星期六

港大饒宗頤教授獲漢學研究獎金

1962年 11 月 6 日《华侨日报》报道：饶教授获法兰西学院颁授“儒莲汉学奖”

（3）　昭和61年6月18日

中国における敦煌学研究

「敦煌書法叢刊」の完結によせて

丁　果

日本报纸介绍饶教授《敦煌学》研究成果

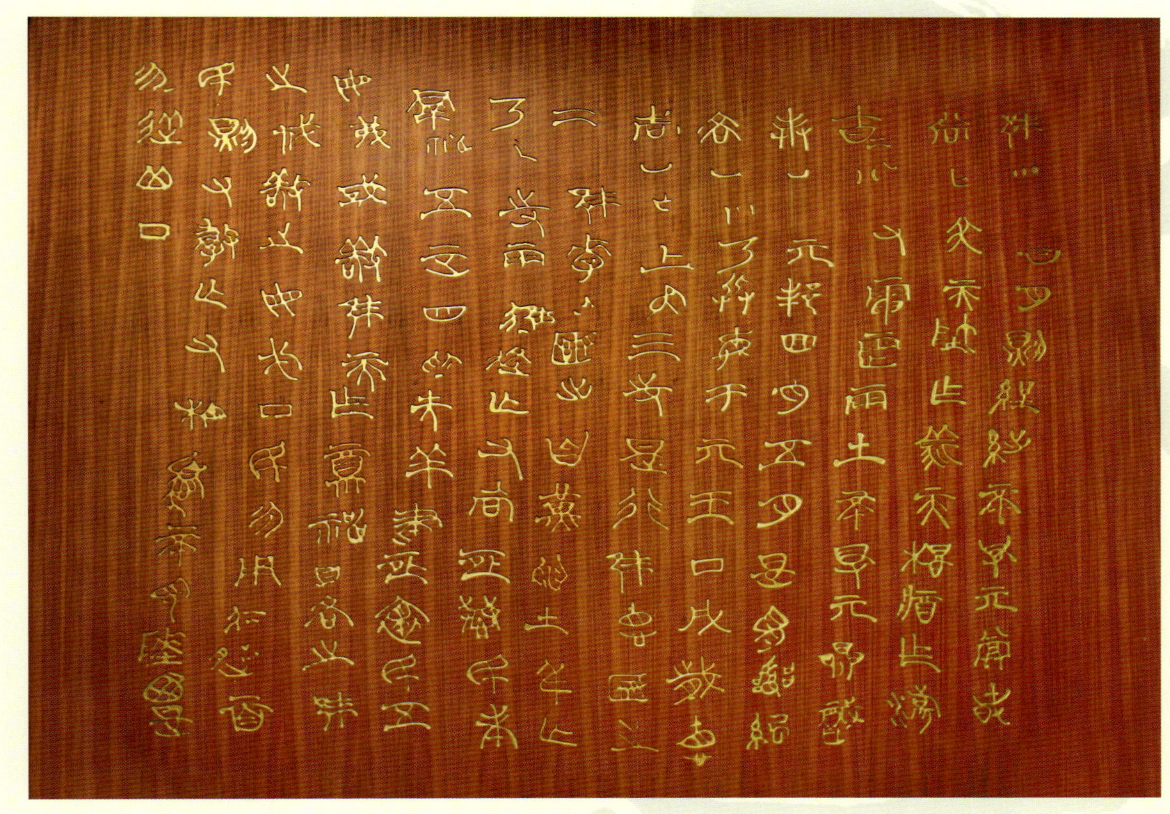

《楚帛书》于 1942 年在湖南省长沙子弹库被盗墓者掘出，1946 年流失海外，现藏于美国纽约都城博物馆。饶教授按照帛书原式重新摹写，并对全文详加诠释，由他辨认的字增加到 100 多个，此幅作品是饶教授临摹的《楚帛书》(局部)

THE NEW YORK TIMES, SATURDAY, AUGUST 26, 1967 C 23

L.I. GROUP FINDING JOBS FOR NEGROES

Businessmen Back Project to Help Young People

MISSISSIPPI PANEL FINDS NO STARVING

But 5 Doctors Tell Governor of Delta Undernourishment

Chinese Scholar Tells of Silken Manuscript Find

Dr. Jao's Preliminary Study of Earliest Text Confirms Traditional Beliefs

By SANKA KNOX

1,350 New Teachers End Summer Training in City

WALLY F GALLERIES
17 EAST 57th ST. HA 1-5390
OPEN TODAY
The Contemporaries
MAJOR SUMMER EXHIBITION
22 European Artists represented exclusively by our galleries in America

ERIC SLOANE

1967年 8 月 26 日《纽约时报》介绍饶教授研究《楚帛书》

饶宗颐教授学艺年表

1917　生于广东省潮安县城(今潮州市湘桥区)，字选堂，号固庵。

1929　从金陵杨栻习书画，攻山水及宋人行草，开始抵壁作大幅山水及人物。

1933　续成其先人饶锷先生之《潮州艺文志》。

1933　作《咏优昙花诗》，一时惊诸老宿。

1935　受詹安泰先生委托，代授国文课于韩山师范学校。旋被聘为中山大学广东通志馆纂修。同年加入禹贡学会。期间著《广东易学考》、《尚书地理辨证》、《说文古文考》、《金文评议》、《古史新证》、《西汉节义考》，编《古史辨》第八册(现仅存目)。

1938　中山大学迁云南。因病滞留香港，助王云五编《中山大辞典》，撰《古籍篇名提要》。又佐叶恭绰编定《全清词钞》初稿。出版《潮州丛著初编》。

1943　赴广西任无锡国学专修学校教授。创作《瑶山诗草》。

1946　任广东文理学院教授。《楚辞地理考》出版。复任汕头华南大学文史系教授、系主任，兼《潮州志》总纂。被推选为广东省文献委员会委员。

1948 任广东省文献委员会委员，赴台湾考察高雄县潮州镇。

1949 移居香港。期间出版《韩江流域史前遗址及其文化》、《海南岛之石器》。居港后，绘画渐多。

1952 被聘为香港大学中文系讲师，出版《明器图录》等。此至1968年，任教香港大学，期间至台北，参观及研究故宫博物院所藏书画。

1954 年初赴日本，结识吉川幸次郎教授，于日本东京大学教养学部讲甲骨文。在广岛会见斯波六郎、小尾郊一教授，研讨文选学。

1955 于京都大学人文科学研究所从事甲骨学研究。著《日本所见甲骨录》、《潮瓷说略》、《人间词话评议》。

1956 出席巴黎国际汉学会。出版《楚辞书录》、《巴黎所见甲骨录》、《敦煌本老子想尔注校笺》。

1957 《战国楚简笺证》出版。

1958 游意大利。在贝鲁特晤高罗佩。《楚辞与词曲音乐》、《长沙出土战国缯书新释》出版。

1959 《九龙与宋季史料》、《殷代贞卜人物通考》出版。创作《敦煌书谱》。

1962 获法国法兰西学院颁授"儒莲汉学奖"。主编《文心雕龙研究专号》，首次将敦煌本《文心雕龙》发表出版。

1963 应印度班达伽东方研究所之邀，与汪德迈同赴天竺作学术研究，为该研究所永久会员。归途游锡兰等国，兼作写生，创作游记《佛国集》。《词籍考》出版。

1964 再赴日本访学。识林谦三，与水原琴窗、水原渭江父子谈词，到京都大原山听梵呗，听多纪颖信演奏日本雅乐。

1965 《潮州志汇编》、《景宋本淮海居士长短句》出版。

1966 在法国国立科学中心研究敦煌写卷。与戴密微教授偕游瑞士，创作《黑湖集》，后由戴密微教授译为法文。《白山集》出版。

1968 新加坡大学聘为中文系首位讲座教授、系主任。《固庵词》出版。法文译本《黑湖集》在瑞士出版。

1969 刊《清词年表(稿)》。

1970 任美国耶鲁大学研究院客座教授。《香港大学冯平山图书馆善本书录》、《欧美亚所见甲骨录存》出版。

1971 与法国戴密微教授合著《敦煌曲》，分中、法两种文字在巴黎刊行。《晞周集》出版。

1972 任台湾中央研究院历史语言研究所研究教授、法国远东学院院士。

1973 任香港中文大学中文系讲座教授、系主任。

1975 《选堂赋话》、《黄公望及富春山居图临本》出版。

1976 在法国巴黎从博特罗习楔形文字及西亚文献，首次译出《西亚开辟史诗》。

1977 《中国史学上之正统论》出版。

1978、1979 应聘为法国高等研究院宗教部客座教授，任教于法国高等实用研究院。

1980 获选为巴黎亚洲学会荣誉会员。受聘为澳门东亚大学(现为澳门大学)文学院讲座教授。

1982 获香港大学颁授荣誉文学博士学位。任香港中文大学中文系、艺术系荣誉讲座教授。获授香港中文大学中文系荣休讲座教授衔。被邀为国务院古籍整理小组顾问。《云梦春简日书研究》(合著)出版。

1983 日本二玄社邀请为其出版之《虚白斋书画录》作解题。编纂《敦煌书法丛刊》，由二玄社出版，全书 29 册，至 1986 年全部出版。出席于兰州举行的首次全国敦煌吐鲁番学会会议，被聘为顾问。

1985 《楚帛书》、《随县曾侯乙墓钟磬铭辞研究》(合著)出版。任香港中文大学中国文化研究所荣誉讲座教授。

1987 任香港大学中文系荣誉讲座教授。香港《书谱》杂志社出版《饶宗颐专辑》。任中国敦煌研究院名誉研究员。

1989 《固庵文录》、《甲骨文通检》(一)、《饶宗颐书画集》出版。

1990 《中印文化关系史论集——悉昙学绪论》、《词学秘籍——李卫公望江南》、《敦煌琵琶谱》出版。任香港博物馆名誉顾问。

1992 《词集考——唐五代宋金元编》出版。5 月，任复旦大学顾问教授。《选堂书楹联初集》、《饶宗颐翰墨》出版。

1993 赴巴黎接受巴黎索邦高等研究院颁予之人文科学博士衔和法国文化部颁授之文化艺术勋章。

1994 任北京广播学院名誉教授。中国美术家协会、中国书法家协会、中央美术学院、中国书画研究院于北京中国画研究院展览馆联合举办“饶宗颐书画展”。

1995 获香港岭南学院(现为岭南大学)荣誉人文博士学位。潮州市“饶宗颐学术馆”落成。

1996 《澄心论萃》、《饶宗颐潮学论文集》、《中国史学上之正统论》、《殷代贞卜人物通考》韩文版出版。香港大学美术博物馆举办“饶宗颐八十回顾展”。

1999 先后受聘为南京大学、首都师范大学、武汉大学名誉教授。获颁授香港公开大学荣誉人文科学博士学位。

2000 受聘为北京大学古代文明研究中心顾问、北京大学客座教授。获香港特区政府颁授“大紫荆勋章”。国家文物局、甘肃省人民政府颁授“敦煌文物保护研究特殊贡献奖”。

2001 于北京中国历史博物馆、上海及澳门等地举行巡回书画展。获选为国际欧亚科学院(俄罗斯)院士。

2003 香港大学饶宗颐学术馆成立。《饶宗颐二十世纪学术文集》、《古意今情——饶宗颐画路历程》出版。香港中文大学授予荣誉文学博士学位。

2004 获广东省潮州市颁政府授荣誉市民衔。获澳门大学人文科学荣誉博士学位，初纂《全明图》(张璋总纂成书)，由北京中华书局出版。

2006 获日本创价大学名誉博士学位。

2007 香港大学饶宗颐学术馆及饶宗颐教授书画展筹备委员会合办“长流不息——饶宗颐的艺术世界”展览，于日本兵库县创价学会关西文化会馆举行，并出版同名图册。

饶宗颐教授的书画艺术

丁亥新作

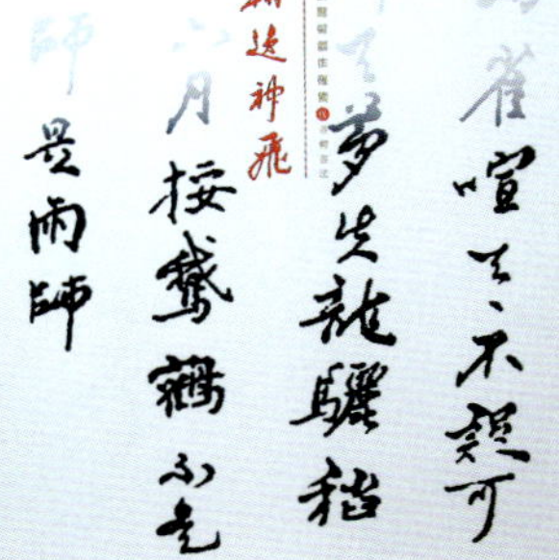

黄苗子题匾《选堂书廊》

雲烟供養

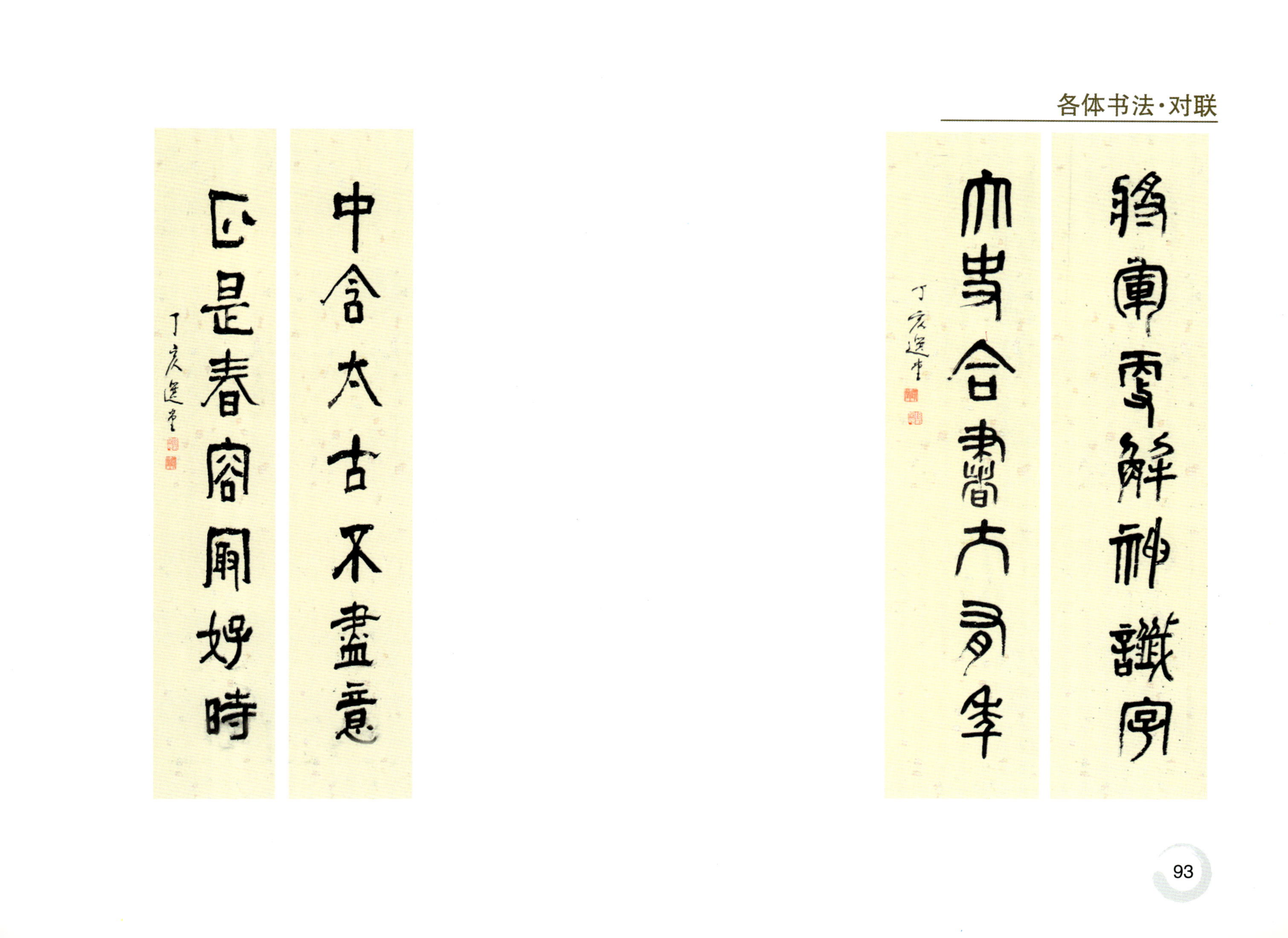

中含太古不盡意

正是春容閒好時

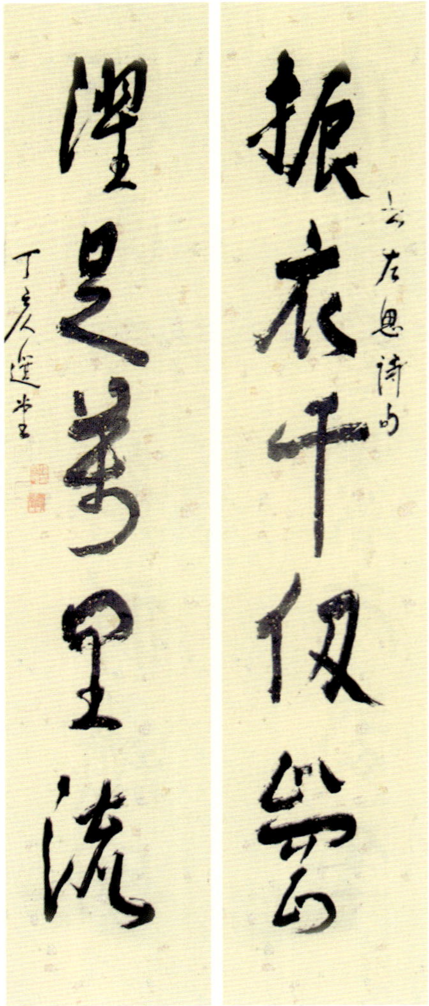

振衣千仞岡
濯足萬里流

貞石經萬載
輕輿歷八荒

量力守故轍

躋嶮築幽居

丁亥 遲生

雲龍遠噓吸

天馬自騰驤

丁亥秋 遲生書

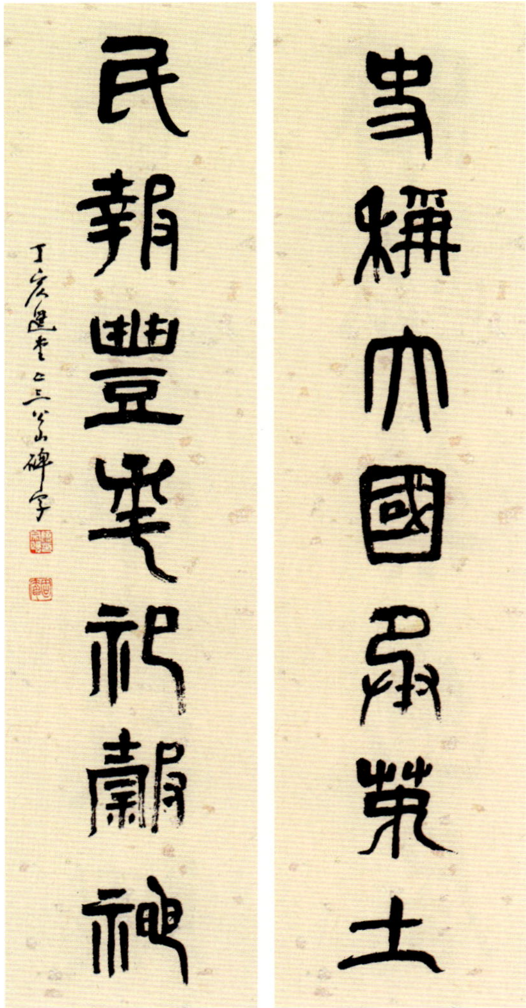

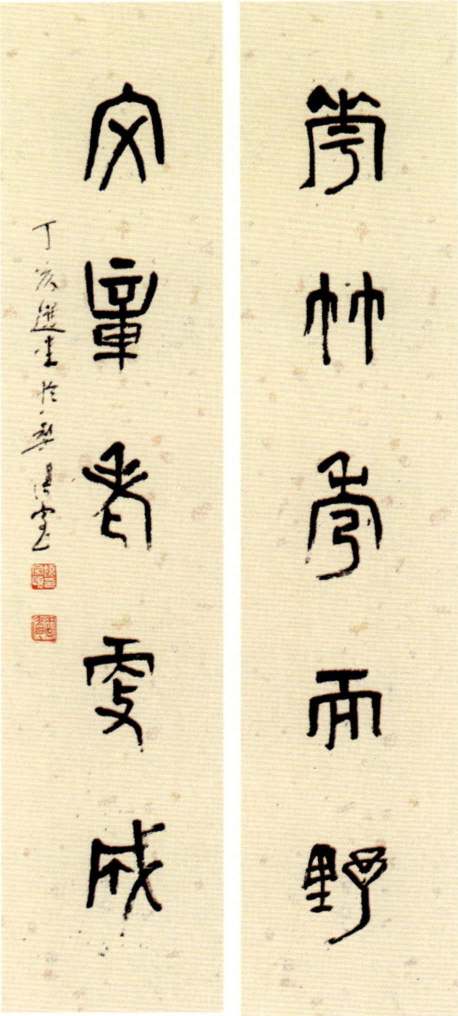

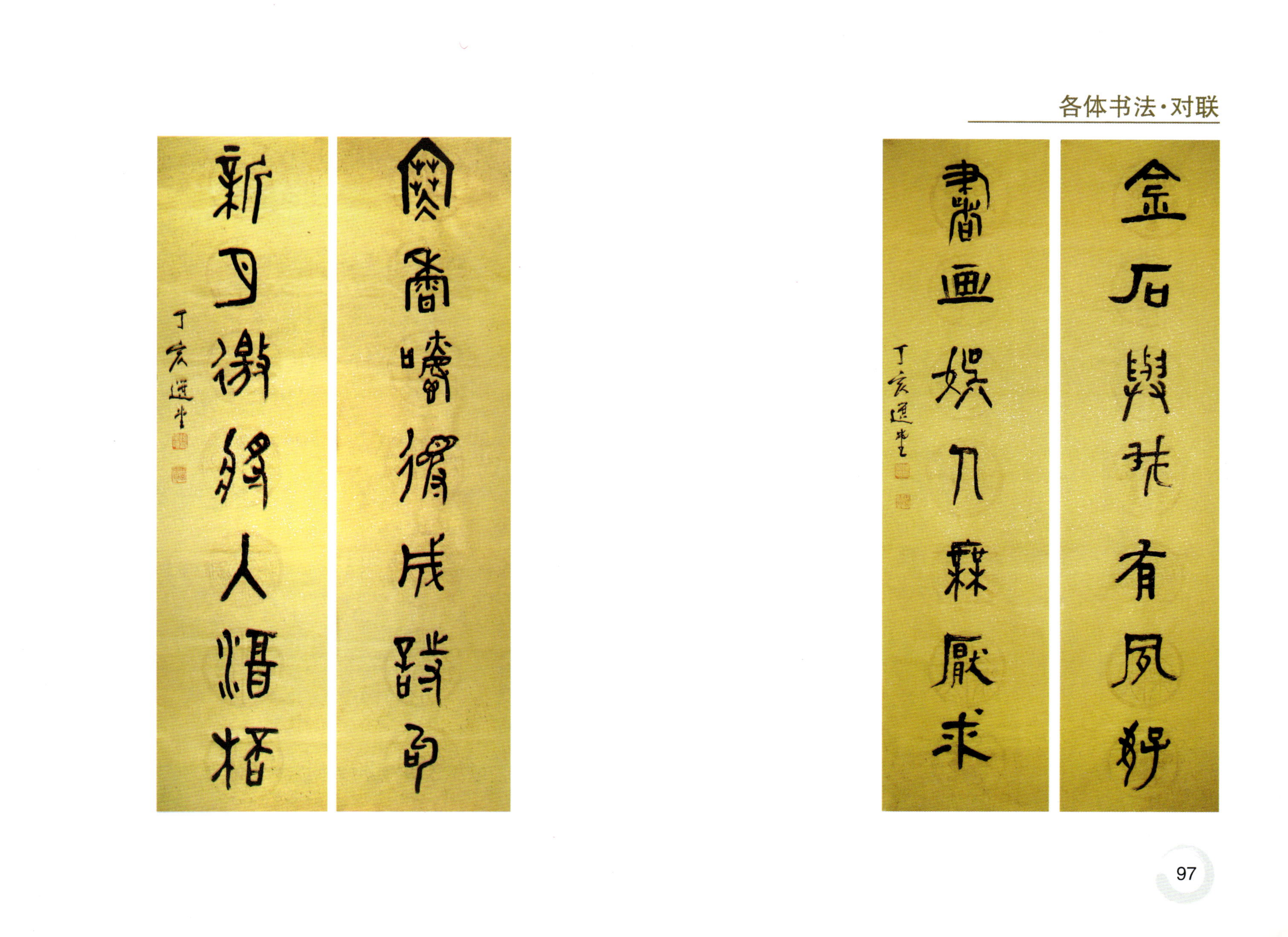

癸和白石祺神君
仁邑青州藏舍利

敢召古人為朋曹
自耽文藝如嗜欲

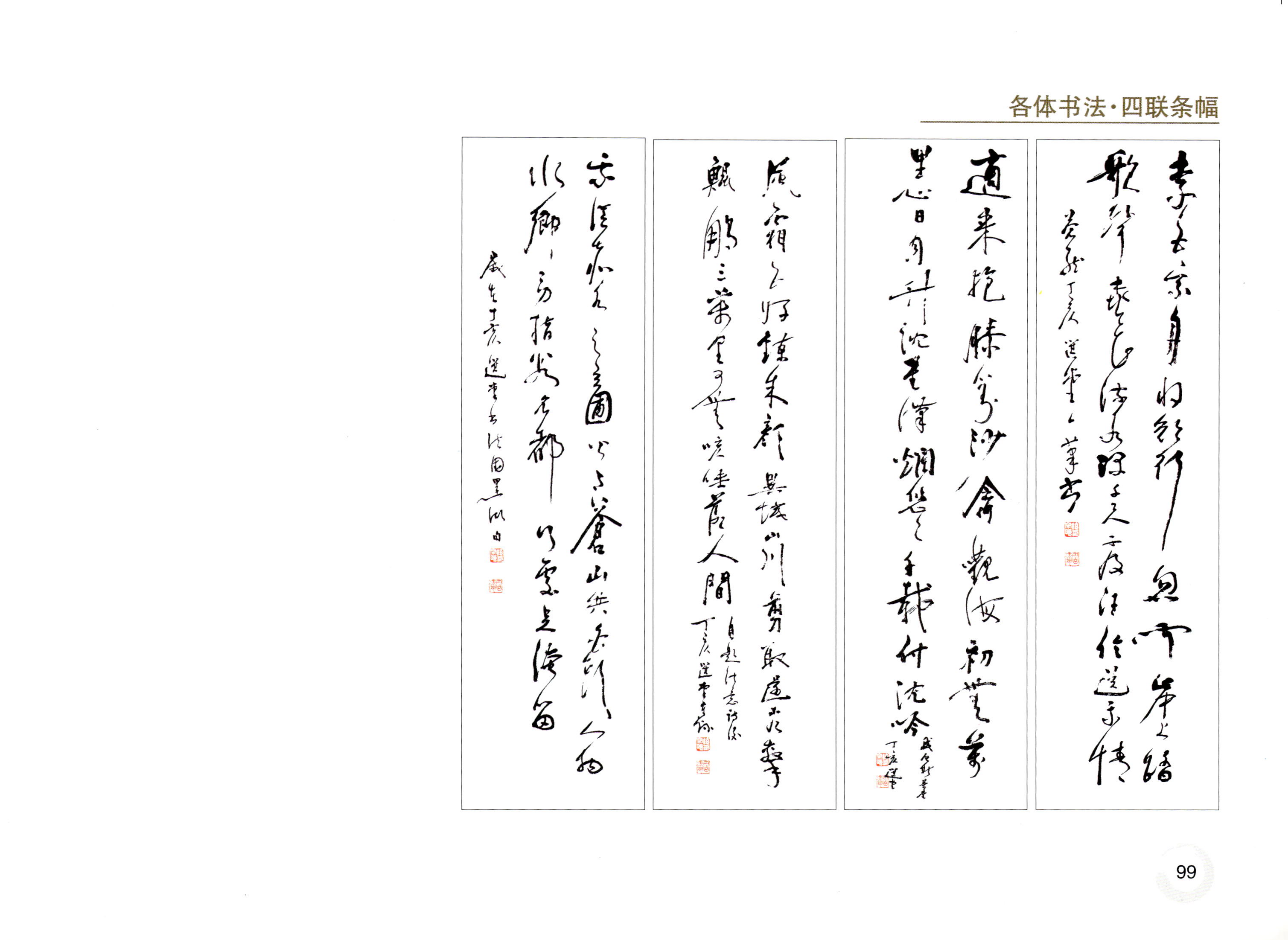

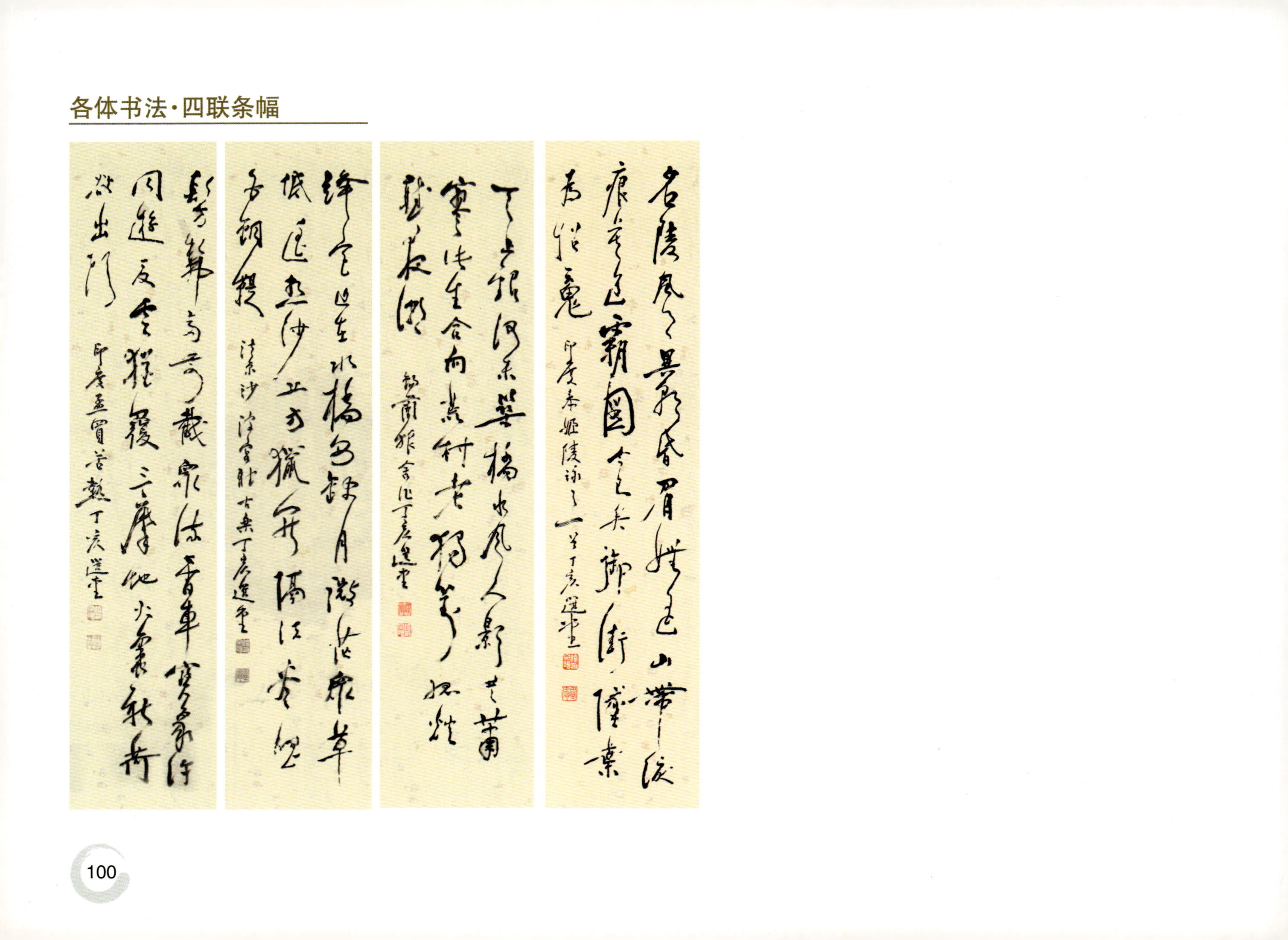

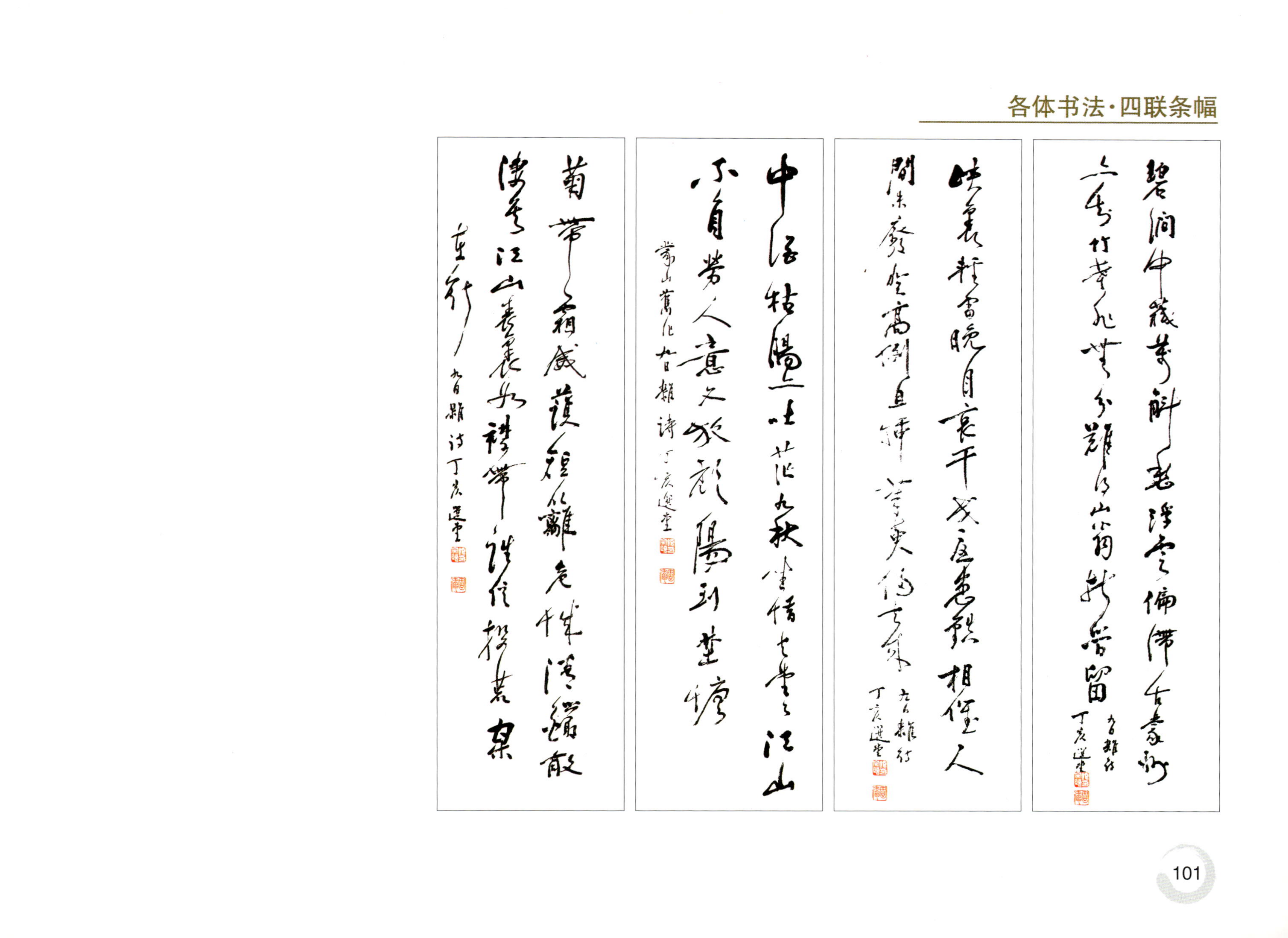

年有餘
丁亥選堂

四通八達
丁亥選書

醉壺精舍
丁亥選書

厚德載物

天道酬勤
日日是好日

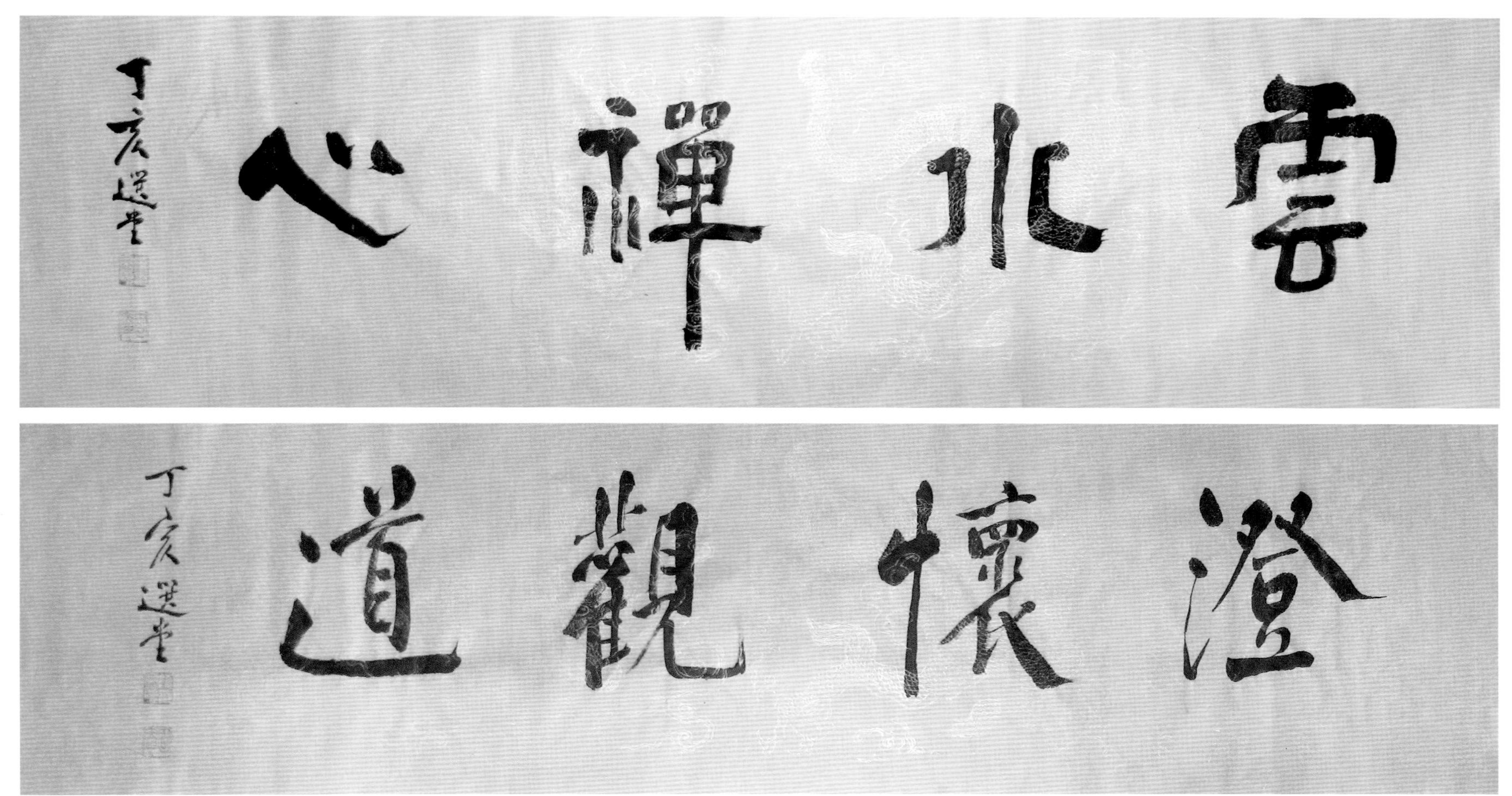
雲水禪心
丁亥選堂
澄懷觀道
丁亥選堂

自彊不息

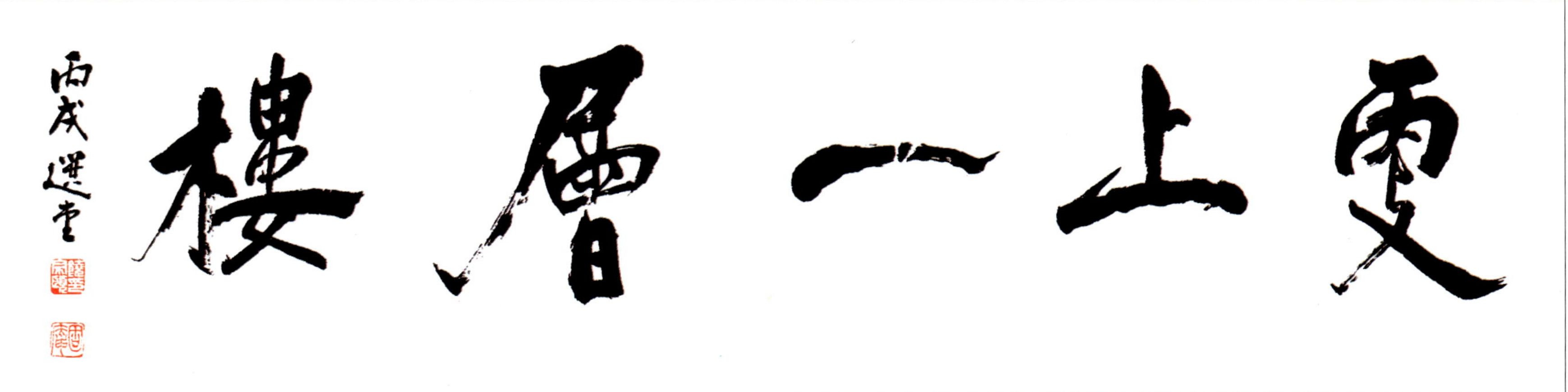
更上一層樓

各位名家同一内容题匾
①赵朴初
②阳太阳
③费新我
④朱屺瞻

[illegible]取都梁三百里飛渡巫山十二峰

检身若不及下笔如有神

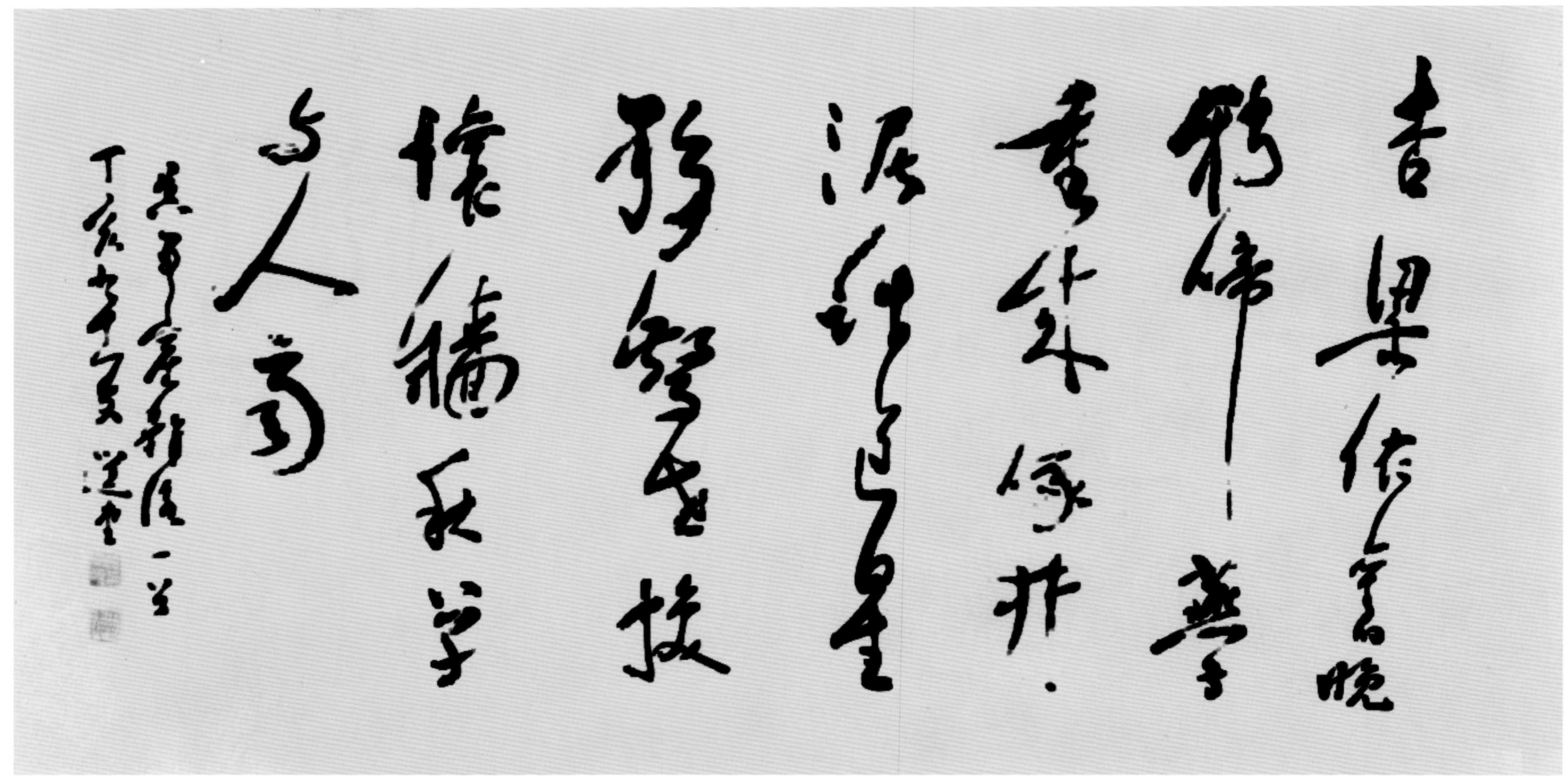

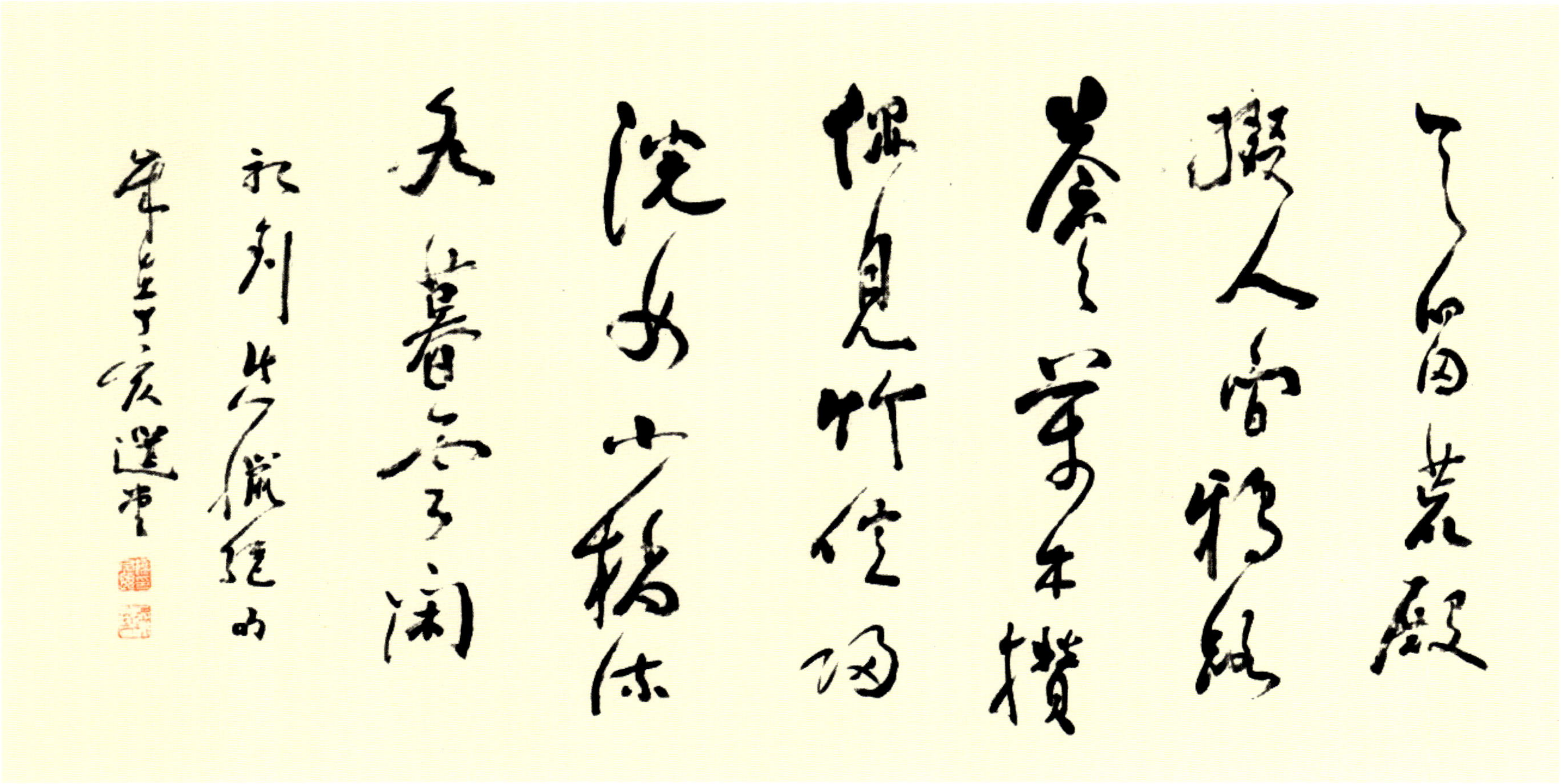

清心
如意
和諧
平常心
心想事成

茶韻

怡神

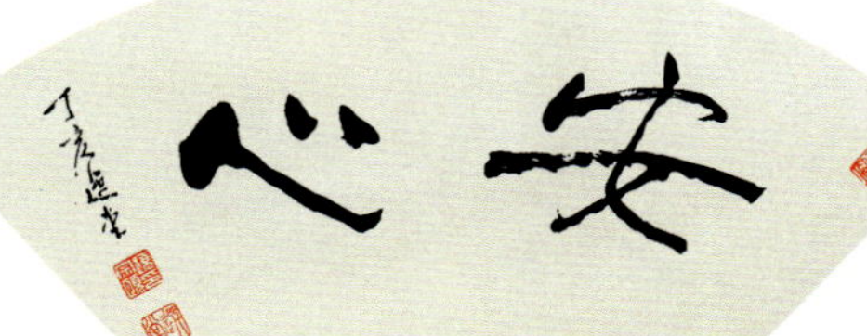

隨緣

祥和

清心
香遠益清

澄心
長樂

精進

清心
如意

青山
綠水

快樂

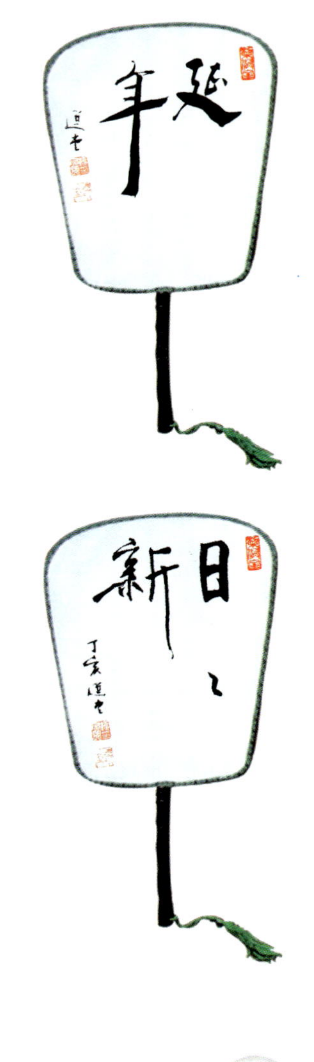
延年
日々新

瑞靄五大夫

人生篇

饶宗颐教授与潮州

饶宗颐出生时，饶氏家族正如日中天，开有四家钱庄，富甲全城。图为 1928 年饶氏宗族的合影。前排身着中山装的站立少年便是饶宗颐

12岁的饶宗颐

1944年饶教授（二排右五）与无锡国专全体教职员工

天啸楼是饶教授小时候读书的地方，当年藏书近十万卷

20世纪 60 年代饶教授在郊外弹奏古琴

《潮州志》编辑人员合影（左六为饶教授）

饶教授于潮州韩文公祠

1994年广东省政协主席吴南生向饶教授颁发“弘扬潮汕文化特别荣誉奖”

1996年饶宗颐学术研讨会在潮州韩山师范学院举行

1996年饶教授与香港潮州商会会长陈伟南合影

2003年饶教授捐建的“选堂创价小学”在潮州市归湖镇落成

2003年金山中学选堂书廊揭幕，饶教授与时任广东省省长卢瑞华光临仪式

饶教授与嘉宾在金山中学选堂书廊合影

饶教授和中山大学教授曾宪通考察潮州开元寺最古之经幢

饶宗颐教授与广州

（國立中山大學廣東通志館）人員名冊 民國廿六年八月七日填

姓名	年齡	性別	籍貫	學歷	現在職務或學級	住所	備考
溫廷敬	六九	男	大埔	[illegible]	纂修兼主任	本館	
冒鶴亭	六五	男	江蘇如皋	清舉人	纂修	本館	
陳梅湖	五三	男	饒平	法政學校畢業	編纂	本館	
張俞人	五七	男	大埔	[illegible]	[illegible]纂修	本館	
冼玉清	三四	女	南海	嶺南大學教授	藝文纂修	嶺南大學	
饒[illegible]伊	四一	男	大埔	上海法政學校畢業	教育纂修	本館	
黃仲琴	五二	男	潮安	[illegible]法政畢業	金石纂修	本館	
蕭[illegible]	五六	男	大埔	韓山師範學校畢業	列傳纂修	本館	
饒宗頤	二一	男	潮安	[illegible]	藝文纂修	本館	
陳[illegible]	三十	男	潮安	國立中山大學文學士	文學院助教	[illegible]	
杜[illegible]全	三七	男	東莞	廣東高等師範畢業	文學院助教	[illegible]	
何乃文	二七	男	大埔	國立中山大學法學士	法學院助教	本館	
李杰	二八	男	南海	國立中山大學理學士	理學院助教	[illegible]	
吳漢光	二九	男	澄海	國立中山大學理學士	理學院助教	本館	
尹[illegible]	二八	男	新會	國立中山大學理學士	大學理學院助教	[illegible]	
溫[illegible]	二七	男	大埔	大埔中學畢業	採訪員	本館	
李[illegible]	五八	男	豐順	清附生	潮梅採訪員	本館	
陳[illegible]	二二	男	潮安	[illegible]一中畢業	繕校員	本館	

1935年饶宗颐受聘于国立中山大学广东通志馆，担任《广东通志·艺文志》专任编辑，时年18岁

1997年饶教授与《华学》主要编辑人员曾宪通（右一）及陈伟武（左一）商讨编务工作

1998 年饶教授与陈摩人（左一）等人一起在中山大学黑石屋前

2004年 4 月 25 日，广州艺术博物院举办“造化心源——饶宗颐书画展”。图为饶教授与诸位知名人士合影

饶教授在开幕式上致辞

2005年8月5日“岭海风韵”画展开幕，饶教授在开幕式上致辞

饶教授与广州市老领导欧初先生（右二）、广州艺术博物院副院长洪楚平先生（左二）在一起

2007年 2 月 12 日饶教授在广东电信大厦与友人合影

广东高等教育出版社社长张耀荣向饶教授汇报《梨俱预流果——解读饶宗颐》的出版情况

广东高等教育出版社社长及编辑与饶教授合影

张耀荣向饶教授赠送礼物（其女儿饶清芬代接）

时间：2007 年 2 月 12 日
地点：广东珠岛宾馆

饶宗颐教授参加广东省政协迎春会议

中共中央政治局委员、广东省委书记张德江（中）与饶教授亲切交谈，右一为广东省政协副主席李统书

饶教授在广东省政协迎春会议上发言

饶教授与曾宪梓先生在交淡

从左到右为李统书、庄世平、饶宗颐、
陈伟南在广东珠岛宾馆会议厅门前合影

饶宗颐教授与香港

1938年中山大学迁云南，饶宗颐因病滞留香港，期间完成著述《楚辞地理考》，图为当年修志人员工作照

20世纪 60 年代初饶教授在香港大丫湾考古工地上

20世纪 60 年代饶教授摄于大屿山昂坪。所站之处邻近心经简林现址

1979年饶宗颐退休，但他坚信学者应该是退而不休的。1978、1979 年，饶教授在法国高等研究院宗教部讲授“中国古代宗教”课程。图为 1979 年 6 月结业时与当地的学者及学生合影

2001年饶教授在心经简林现址打坐

1980年饶教授参观泰山的“金刚经”摩崖石刻，萌发了创作大型《心经》书法的构思。《心经》是儒、释、道三教所共尊的宝典，饶教授将自己挥毫的《心经》书法赠予香港市民。“心经简林”现在香港大屿山上

憲通兄 年禧 敬頌
字頤

殷代人面方鼎銘曰大禾亦大有年也可謂為太和易乾卦保合太和乃利貞 選堂識

以前兄所影泰山經石峪照片本月份在英文本《東方》刊出

饶教授在写给曾宪通的信中提到泰山经石峪照片在英文本《东方》刊出

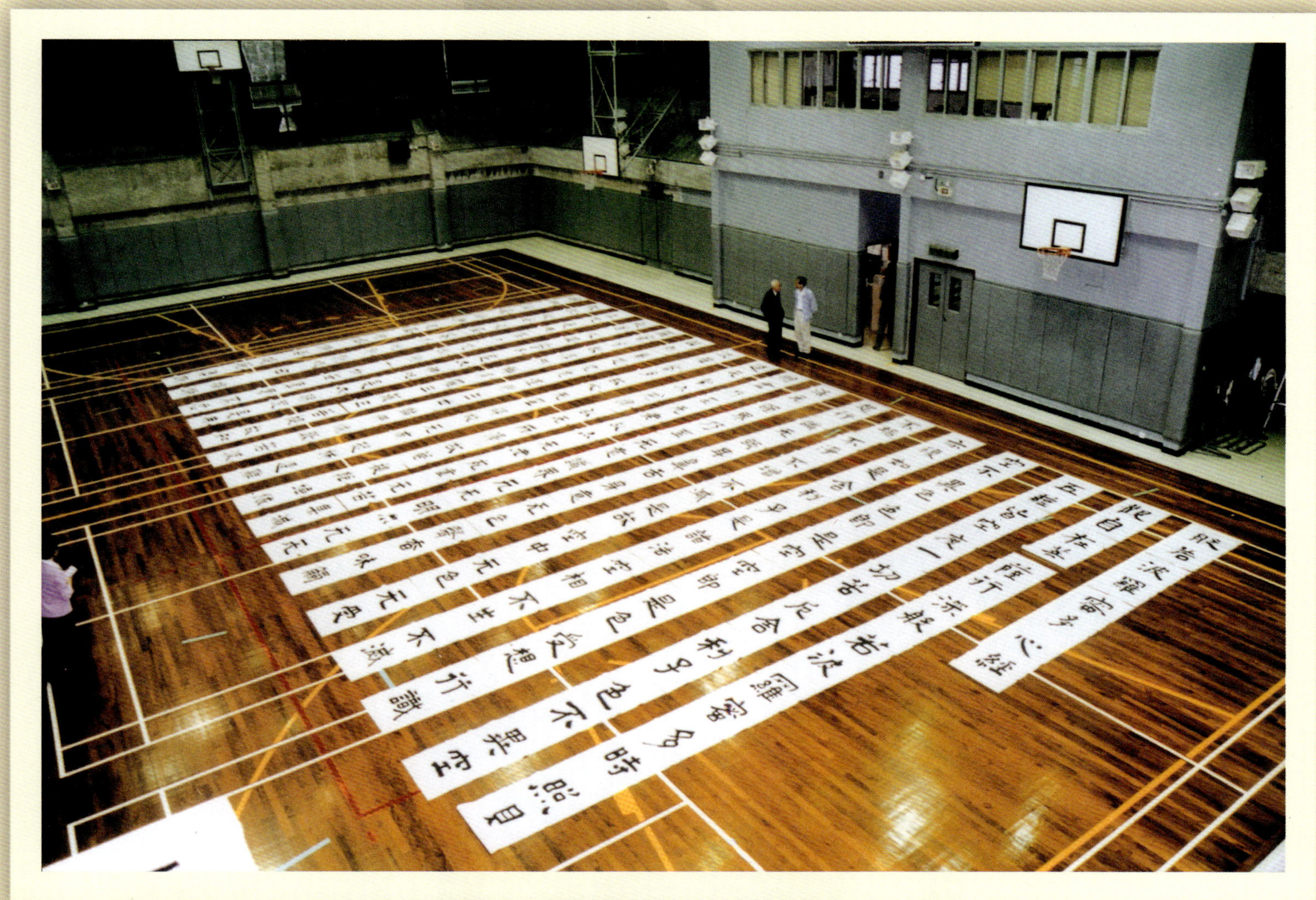

2001年饶教授在香港中文大学体育馆展示《心经》书法

2000年首任香港特别行政区行政长官董建华为饶教授颁授香港特别行政区政府“大紫荆勋章”

2005年饶教授陪同香港特别行政区行政长官曾荫权观赏《心经》书法

2003年 11 月 8 日饶教授于在香港大学饶宗颐学术馆成立典礼上致辞

2004年 7 月 31 日，“饶宗颐学术馆之友”成立，会长、主席及理事们合影

饶教授与亲友在一起

2006年 10 月 28 日饶教授偕同
夫人及女儿在香港饮早茶

2006年12月8日，在香港大学举办“饶宗颐与香港大学展览”，饶教授在回忆当年的岁月

展出饶教授在香港大学工作期间出版的著作

与香港大学图书馆馆长彭仁贤（左一）在一起

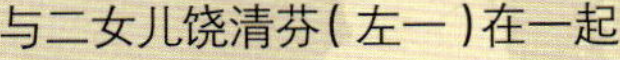
与二女儿饶清芬（左一）在一起

2006年 12 月 11 日，在“光普照”绘画摄影展览开幕式上与法国摄影家 Paul Maurer(左六)等人合影

饶教授与香港大学的学生在交谈

参观展览

接受采访

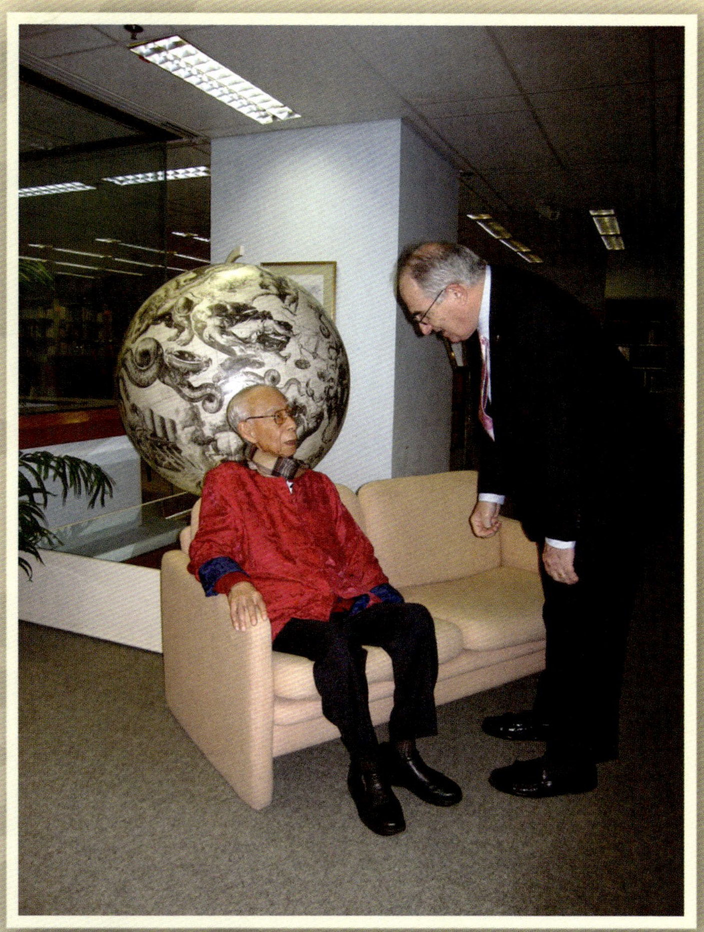

2006年香港大学图书馆馆长彭仁贤向饶教授汇报情况

在“饶宗颐与香港大学展览”期间，饶教授即席挥毫

饶教授出席宴会时签名

在香港饶宗颐学术馆里同友人一起翻阅广东高等教育出版社出版的《梨俱预流果——解读饶宗颐》一书

曾宪通与汪德迈合影

饶教授在观赏园林

邓伟雄、饶清芬伉俪在香港郊外

饶教授在阅读文章

饶教授与亲友在郊外

2007年饶教授在题写书笺

与编者在家门口

会见辽宁大学领导

香港邮政发行饶教授九十岁寿辰荣庆纪念邮票

饶教授捐出的墨宝《惠风和畅》拍价为 18 万港币

饶宗颐教授与澳门

2005年 11 月，饶教授出席在澳门举行的“第十三届国际潮团联谊年会暨第六届潮学国际学术研讨会”

2005年 11 月，饶教授在“第十三届国际潮团联谊会暨第六届潮学国际研讨会”开幕典礼上

2006年 11 月，饶教授在澳门观赏艺术作品

饶宗颐教授与国内外学术交流及考察

20世纪 50 年代饶教授与张大千于香港

20世纪 60 年代饶教授与法国汉学家、法兰西学院教授戴密微合影

在法国“皇门静室”与汪德迈合影

关陵内明汉寿亭侯墓碣前留影

武夷山下留影

玉泉碑（阮元题字）前留影

20世纪 80 年代饶教授
与赵朴初先生在一起

20世纪 70 年代饶教授与钱穆教授于酒会

20世纪 90 年代饶教授与原北京大
学副校长季羡林教授在北京大学

1970 年除夕，饶教授作客耶鲁大学德籍教授、德国汉学家傅汉思（右一）家中。傅汉思夫人张充和教授（右二）为先生手录《晞周集》全卷，及谱《六丑·睡词》曲，且以玉笛吹之，极缥缈之思

芳菲獨賞覓歡何極思重
鬱霧巾烟情凝望裏自製
離愁宛轉酒邉衾側琴心
悄付與流汐只睡鄉兩地懸
心遠如何換得

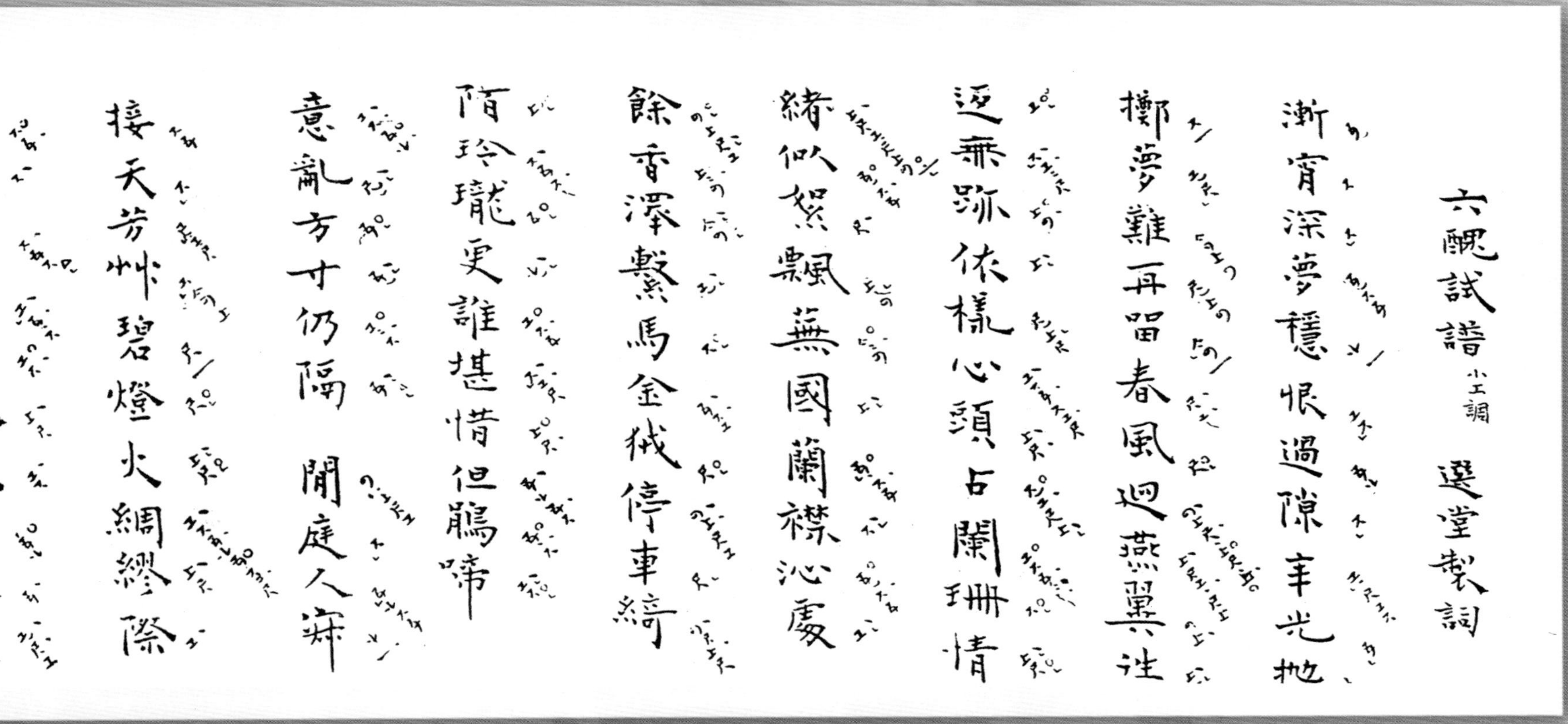

六醜試譜 小工調　選堂製詞

漸宵深夢穩　恨過隙年光拋、

擲夢難再留　春風迴燕翼往

逕無跡　依樣心頭古闌珊情

緒似絮飄　無國蘭襟沁處

餘香澤　繫馬金栈　停車綺

陌玲瓏更誰堪惜　但鶗啼

意亂方寸仍隔　閒庭人寂

接天芳艸碧　燈火綢繆際

《六丑》词曲原作，饶教授制词，张充和谱曲

1991年饶教授与英国艺术史学家苏利文教授（右二）及其夫人和香港大学艺术系时学颜教授（右一）参观香港大学美术馆举办之展览

1993年11月30日，饶教授与巴比伦文权威蒲德侯（左一）、汉学家汪德迈教授（右一）于蒲氏家中合影

1992年在越南河内举办的“越民族文化国际会议”上，饶教授法语首席发言，由越南考古学院院长何文瑨实时口译越南语

1992年 12 月饶宗颐教授、邓聪博士（由何文瑨教授介绍）在考古学院内参观和平文化石器和 Xom Ren 遗址陶器

1993年饶教授获法国索邦高等研究院颁授人文科学荣誉
国家博士学位后与施舟人教授（左一）及其他友人合影

1998年饶教授与白春晖教授在香港

1994年在泰国华侨崇圣大学，饶教授（左二）与郑午楼博士（右二）在一起。右一为时任香港大学校长的王丽松教授

日本学者水源渭江教授到香港拜访饶教授

创价大学校董池田博正（右）向饶教授颁授荣誉博士学位

2006年，日本创价大学向饶教授颁授荣誉博士学位，以赞扬其作为中国当代学术、艺术、文化界巨擘为人类文明所作的贡献。创价大学校长若江正三在颁授仪式上致“赞辞”，他赞扬饶宗颐为“东方的达·芬奇”。年届90岁高龄的饶宗颐亲临接受该项殊荣。对于获结缘逾三十载的创价大学颁授荣誉博士学位，他深感欣喜，不过对“东方的达·芬奇”的荣誉则谦称“不敢当”。

从左到右依次为杨纲凯、单周尧、饶宗颐、池田博正、李刚寿、李莱德

学艺巨星　巅峰光彩

——献给尊敬的饶教授

池田大作[①]

悠久的大河浪水不枯
长江滔滔
今天也无尽地奔流
贯穿着无数世代
历尽了多少荣枯盛衰
炎黄山河无边无际
到处埋藏着数不尽的和璧隋珠
为了寻求文化至宝
长者不歇地踏上知性之旅
深深地采掘文明大地

终于获得满腹珠玑
学术之光广照地平
艺术之彩辉耀苍穹
国学大师饶宗颐
“学艺探求”光彩璀灿
“学艺双携”通达万般领域
以身作则体现了人的无限潜能
从超群境界拓展新时代
不愧被誉为真正的文艺复兴旗手
东方的达·芬奇——饶宗颐教授

故乡广东潮州是开明之地
饶公自幼好读诗书
十岁时已熟谙《史记》
史迹经论腹笥甚广

家传藏书充斥栋宇
严父博学耳濡目染
璞玉得被磨砺薰陶
自幼被誉“神童”“麒麟”
名闻遐迩誉满故乡

十六岁青春多感时期
父亲溘然与世长辞
恩深似海难禁热泪滂沱
孑然一身处于黑暗之中
然而青年振奋立志
把悲痛化为创造泉源
誓要继承先父遗志
续编其遗稿
终于完成《潮州艺文志》
谱写出父子同心的奋斗诗

进而踏足深闯学术之林

大学被迫断念
面临战祸颠沛流离
更身罹疾病
险临绝望深渊

洗心发奋图强
埋头文献磨砻砥砺
向先父立誓要追求的学问
正是人生一线的光明
为启发万民而探求睿智
心中涌现大无畏精神

故宫博物院收藏的一幅名画
主题是我从机上拍的阿尔卑斯山脉
听说饶公看后心有灵犀挥笔如神
贤兄的友谊暖我心田

群云缭绕巍峨山峦
正气凛然

白雪行云如银浪碧涛
庄严气宇与宇宙的律动
恍如宝塔直指九霄

古人有云
“不登高山　焉知天无极”
山岳画家曰
“不攀极顶　难画山之奇”

我深知
巅峰上
烈风不断狂吹
高峰顶
冰雪激烈袭人

学问山脉亦是如此
探赜索微增进知识
胆大心细几度深入未知之境
别具匠心独闯蹊径成开路人
飞短流长一笑付之
流言蜚语泰然自若

人生波浪万丈危机四伏
却使勇于创造的人生更丰衍
成为天赐使命
胜利的人生轨迹

被万人奉为楷模

泰斗令人刮目相看的伟业
考古学　甲骨学　礼乐　史学
敦煌学　目录学　中外关系史
楚辞学　诗词学——
　集大成的《饶宗颐二十世纪学术文集》
洋洋二十卷分十四领域
皆为人类知识遗产
登峰造极的睿智结晶

飘逸着中华文明的金云
其巍巍山容仰之弥高
学贯古今中外
光华辉耀学术界的天际

探求真理严于律己
真挚的著述
孤高的奋斗
变成数千万学术立言
赢来无数胜利勋冕
东西一流名门学府
接踵授予荣誉学位以表敬意
于法国获汉学巅峰儒莲奖
亚洲名门香港大学
则设“饶宗颐学术馆”以留后世

回归祖国的港府
又授予大紫荆勋章
以赞誉当代首屈一指的文化巨人

山高则水流长
以顶天山峦为源的河川
润泽文化大地使之丰饶
以学术巨人为源的精神水脉
滋养艺术草木相得益彰

终而花团锦簇万里飘香
画中的花鸟风月
散发着澄明妙韵
山水古木
满溢着幽玄浩气
落笔顿成氤氲妙域
墨迹淋漓开启久远世界

多么玄妙的意境
多么安详的魅力
其心境自在融通无碍
蕴藏着宇宙的神秘

饶公佛教素养精深
曾赠我一对联
“赠实践尊贵菩萨道、行伟业之人”

传言令我汗颜不已
其意源自《法华经》说话
“池荷消火宅　法句涌心田”
字字千金紧刻肺腑
感铭圣贤对我鞭策之心
学艺英雄眼光独到
不计较琐事与利害得失
品行谦虚超然物外
受人民爱戴尊称“至宝硕学”
为人至诚心似菩萨
品德脱俗如出水莲华

饶公谦言
“我只是一个勤勉人”
天赋才能
都归功于勤勉和与己搏斗
座右铭先举“精进”二字
这令巨人更登峰造极

饶公吟曰
“学问无穷 造到老时学到老
年华有限 得开怀处且开怀”
虽已年高八十八
仍然身体壮健思想明晰

上进　不断谋求上进
登峰　更要登峰造极
跨上展开双翼的白马
手执学问的珍珠缰绳
脚踏艺术的黄金马镫
在精神的苍穹
直往天际翱翔

孜孜不倦地探求
跃动前进永无休止
犹记得《菜根谭》曰
“而精神万古如新”
我终身不忘
美国创价大学开学典礼时
送我“振铎万方”四字
寓意深长

学问的目的为何
艺术的目的又为何
要敲响警世木铎
把披靡物质与功利主义的现代
扭转为重视价值理想
服务人群的社会
以此精神挽救引导万民
开启历史的新帷幕

我确信
穷理学问　至高艺术　不朽品德
于此有万代繁荣的轨道

我深信
学问艺术与宗教
必定会于人心深处共鸣
拓展无垠的精神地平线
这里有中日友好金桥
与和平的不朽光源

我衷心赞叹
圣贤之心
日久弥新的创造精神
我要推广
与贤人智者的对话与协作
并肩前往
探讨心灵奋斗的遥远旅程

注　释：
①国际创价学会会长。

1
2
3
4
5
6
7
8
9
10
11
12
13
14
15
16
17
18
19
20
饒宗頤二十世紀學術文集
新文豐

文選篇

饶宗颐教授九十华诞国际学术研讨会贺辞

柳存仁[①]

柳存仁教授近照

今天我们在这里举行一个学术会议，更有一个理由，是这个会议同时要祝贺我们的同道饶选堂先生的九十华诞。我们看今天的饶先生真是神采奕奕，“九十其仪”，便是我们在座的人，也没有一个人不想分得一点同样的喜悦。当然，我们并不会忘记这不止是香港特区的学术集会，它更是在香港的九间大学共同组织的一个国际性的学术会议。

“匹夫而为百世师，一言而为天下法”，这是北宋的苏轼（苏东坡）特别赞美唐代的大思想家、大文学家韩愈时说的话。从前读古文的人，人人都能背诵它的。“百世师”是未来历史上的比拟，但是“一言而为天下法”，更是我们现在就要说的对饶先生的祝福。“天下”，在苏东坡的时代，指的其实就是中国。过去历史上许多人，自己不知道自己的定位，一味地狂傲自大，狂妄自然要吃亏的。但是现在的世界是一个科技十分发达的世界，人与人之间的隔膜、误解，几乎可以是完全消减了的时代。

传统的汉学——也可以叫做东方学研究，正在走向一个如日方中的境地，朝气洋洋，正像日本的汉学家池田温先生（Prof. Ikeda On）说过的：20 世纪前半之代表汉学者可屈指王观堂先生（即王静安、王国维），而后半者应当举饶选堂先生。他还说：“观堂先生活动限于东亚，选堂先生讲学远及印度、法京、美国等，寿又近倍，宜矣其业绩丰富多彩。”我说饶先生“一言而为天下法”，在汉学界里，并不是少数人阿谀的话。

一位学者的业绩，要看他的著作。选堂先生的《二十世纪学术文集》，质和量都是繁重的。它包括了 14 个门类的著作，每个门类也不止一种著作，性质虽然相近，并非会同，外行人看起来很驳杂。更看我们从前，像清朝乾、嘉时代的大学者，戴东原（震）治文字、声韵，研究《水经注》、《海岛算经》，临老还给我们留下一部像炸弹一样震动思想界的《孟子字义疏证》；钱大昕衍《三统历》、《十驾斋养新录》，古无轻唇音一条就可以换出一个 Ph.D.学位。在西方研究中国学问范围也很广范的 Paul Pelliot，至今还有原稿留在梵蒂冈图书馆（Biblioteca Apostolica Vaticana）；Joseph Needham 的十几本的报告称做 Science and Civilization in China，哪一位汉学者不驳杂呢？饶先生的十四卷大书，单举出《甲骨学》和《敦煌学》两种，就是刚才池田先生所称赏的了。我们该怎样瞻仰、礼赞它的全貌呢？研究开始于分析，这是西方讲科学方法，运用逻辑驰名世上的，但是做中国学问的人更标榜能够综合。因为但只分析而对于事物没有整个的认识是不够的，于是细心分析之后更有综合性的大成，像研究甲骨的拼合碎片和试探，还可以先做几个假定，然后逐渐地用发现的经验证明它。王赓武校长就说了综合的话，他把饶先生的著作一言以蔽之，归纳成文、史、哲三个方面。饶先生自己似乎更厉害，他就谦逊地说了又说，是“学艺双携”。我想学、艺这两个字是他的自描，实在很恰当。学，大概可以说是点点滴滴的细腻研究，精打细算；艺，却是综合之后发生的自然统一，触机而来的灵感，这在他的每篇不论长短的文章里面，大约都可以发现。我们也许可以举几个例子：

比如说，我们知道饶先生是喜欢研究《九龙与宋季史料》的，他举过八条精切的证据说明屿州应在化州，并不是香港的大屿山，这是今天研究香港历史的人都已熟悉的了。他又是喜欢研究道教历史的，他著《词集考》，就很注意道教中一位被称做南宗五祖最后一位的白玉蟾，也提到他的词。白玉蟾的词在《道藏》和其他的元刊本集子里，只收了 20 多首词，但是明正统七年（1442）宁献王朱权重编的《白玉蟾集》里，却有 120 多首，和朱古微先生（孝藏）据唐元素（就是震钧）校的旧钞本所收的数目大致相同，饶先生就把这种情况记在书中了。南宋时道士夏元鼎，金、元时全真教各人的词，也都在他讨论之列。但饶先生的另一篇论文（《穆护歌考》），是研究唐代火祆教入华的考证，附录里却引了白玉蟾一条（海琼白真人语录），材料是和正题不无关系的，但从前却不会有别人利用过它。知识的综合往往俯拾即是，我想这种地方就是饶先生“学艺双携”的所谓艺罢，因为这知识是从分析研究中得来的，但是平素它不一定起作用，到了需要的地方，这样的例子就像《妙华连华经》卷四《见宝塔品》“有此宝塔从地涌出”了。

饶先生的《殷代贞卜人物通考》这部大书太专门了，我不好举例，但是我想起一篇他替朋友的书写过的序文。甲骨文有个“[illegible]”字，它的字形上半的左边是“佳”字，就是短尾巴的鸟，右边是个彐字（这个字本义是右手），下面是个亥字，也就是王静安先生《殷卜辞中所见先王公考》（《观堂集林》卷九）里研究过的王亥。我想饶先生的解释是可信的。董彦堂先生（作宾）在他处会解释此字是擒获，似乎不如解做提或先操，有《说文》（第十二上）的根据。

饶先生的另一部大书《中国史学上之正统论》里，我也发现了另外一条近乎是属于艺的绝唱，因为这书除了先解释邹衍、刘向父子他们所论的五德次序先后不同外，饶先生忽然灵机一动，又引了一个不易想到的 1972 年山东省临沂县银雀山出土的《孙子兵法》里面说的五色旗帜，次序是照着青、黄、黑、赤、白那样排列的（《孙子兵法·地葆》），又跟其他的说法相异。这不是考据家的横生枝节，是学问家的包网扩大了，又出现了这样现成的，但属精彩的议论。

以上说的，姑且算是一个普通读书人对“学艺双携”的意见罢了。但是今天被我们贺寿的主角，除了我提出的学和艺之外，他还有他自己真正的学、艺，其他的汉学工作者望尘莫及，那就是他驰名艺坛、逸气高超的书法和绘画；还有他自己的创作诗、词、文，他的步古人及近世名家原韵的诗和词，都不止是双携，而是创作。我还没有提他的“终遣妙乡出玲玎”的鼓琴呢，我还没有提他的研究词乐的专著呢。各位！在这个新世纪初的时候，汉学将要成为显学，汉语也是将要和英语一样，成为世界性的语言文字，帮助东方和西方的、南方和北方的、天下的人了解、友善和亲近。像饶先生包罗万象、学艺双携，那样的寿又过倍、松柏长青，为人类开辟了更多更大的领域，促进了世界的繁荣和进步，这不是今天我们这个国际会议的希望吗？

注　释：

①澳大利亚国立大学荣休讲座教授。

天人互益

——在香港中文大学庆祝饶宗颐九十华诞晚宴上的讲话

饶宗颐

郑主席、刘校长：

我谢谢刘校长刚才对我的誉扬，我是不敢当的。

我今天要再念念我自己在庆祝北京大学一百周年时候说的一句话。我再请大家看看我的那篇演讲，是在北大一百周年学术讲坛上讲的。[①]我最后提到《易经》的一个卦，为什么要提到它呢？因为在《易经》的排列中，最后一卦就是顺那个系统的。马王堆出土的最新《易经》，它的排列同过去不一样。通行的《易经》，最后是“既济”同“未济”，表示这世界“做完了”和“还没做完”，以后还有未来。但是马王堆的排列很有意思，最后的卦是三位卦，收益的二位。这个排列，过去不是这样子的，因为没有出土的东西，我们不可能想到。为什么“益卦”在最后这么重要呢？我当时在北大因为季老（季羡林）先讲，讲完后又推出我讲，我就讲到季老常常提到“天人合一”的事情，因为他受到钱穆先生的影响，我们中文大学不是也有一个“天人合一”的池吗？我说我今天大胆了，我也有一个讲法，这就是“天人合一”是精神境界，不是行动境界。我们闭上眼睛，自己就成一个“天地”，入定时候可以有“天人合一”，因为在行动上，天是天，您是您，依我说，倒不如讲“天人互益”，天同人互相补足。这个观点是我利用《易经》这个排列，以“益卦”作为理论根据的（大家鼓掌了）。这个“互益”的意思就是说，大家都互惠，不管阶层，您有什么好处，他有什么好处，一起“互益”，各有各的成效，就构成融和，达到我们国家提倡的和谐境界。用“音乐的道理”来治国，是争取人的合契。

对于这个讲法，我每天都在做“天人合一”的事情，因为我每天要打坐，我闭了眼，就能到另一个世界，自己就可以达到冯友兰所谓的“天地境界”，实现庄子所谓精神与“天地相往来”。每一个艺术家都应该有这么一个心态，就是“天人合一”的境界。

香港中文大学给了我很多成长的机会，我体会到这个“互益”的内涵，所以我觉得艺术与学问是可以“互益”的。我在这里大胆讲，学同艺两方面都很重要，这是一个理想，但是要达到这个理想，我需要向各位请教，因为这不是我自己的讲法，我有根据的。

我的得益来自于元代最大的画家黄公望，是他讲出来的。我为什么名字号 “选堂” 呢？我说说原因，第一个原因是我提倡读《文选》、研究“文选学”；第二个原因，“选堂”就是我讲这个“天人互益”的问题。现在介绍我的见解，所有的艺术史家都讲元代的画是由赵孟𫖯带出来，但我说不是，是钱选，钱选这个人比较冷僻。黄公望有一个题跋，在题跋中，他就讲赵孟𫖯是学钱选的，不单学他的画，还学他的学问。

这有一个证明，赵孟𫖯也讲琴学的，那个琴就不得了，赵孟𫖯也有一篇《琴源》，谈琴学的来源。黄公望说赵孟𫖯学钱选，还学他的“学”学问。明代另一位画家还有句话，讲“不懂诗人，不能写画”，因为中国的艺术理论很多都从他们那来的。很多画图的人不晓得诗是带着画的，写画就要题注，怎么题呢？现在的人乱题一通。所以不懂画史的人，就不能写画。这就是我今天要介绍“互益”这个观点。

我今天要谢谢两间大学培养我的人，我是一个最不忘本的人。我有这个理由，是怎样来的，都要追溯这个来源，因为我喜欢追，追到底。我同世界发生关系，能到外国去开会，到外国去学习；也有人向我学习，外国人也向我学习。我这个成绩是香港大学栽培出来的，得益于 Frederick （Frederick Sequier Drake，林仰山教授）当年对我的支持，这是港大对我的影响。我的后期能够学、艺两个都做，那是香港中文大学培养我这么做的。

我退休后，法国人马上请我去他们最高学府，去首都巴黎教书，教了一年，他们还不让我走，我说我要回去了。因为中大也回聘，而且把我聘在艺术系，所以我今天能够学、艺两样都做，一部是学问的，一部是艺术的。我要感谢中大，也感谢港大。港大把我带到国际上，发生关系，现在我讲这个“互益”的事情，就是个证明，我个人的实践也可以证明。这次活动，两所大学都支持了我，这不就是彼此互惠吗？

“互益” 的理论，我们知道今天国家做的都是，我觉得非常对。我今晚是不能说得太多的，我就向两所大学一起感谢。今天仍有中大艺术系的学生与我讨论问题，我也向学生学习，感谢他们帮助我，我还没有发表的文章，中大已经先帮我整理好。最近，我的甲骨文研究同伴沈建华小姐帮我出了一本小书。[②] 这本书有了一定的影响，刚刚在第九届古籍优秀图书评奖中得了一个奖。我还要谢谢郑会欣先生，因为他最近帮我编了一部《选堂序跋集》[③]，大家可以看 103 页，其中讲到学艺相涉的道理，我引用了黄公望的话，请大家看一看。

我今天再次感谢两间大学栽培我，谢谢各位。

原载 2007 年 3 月《新亚生活》34 卷第七期

注　释：

①饶宗颐：预期的文艺复兴工作，载“北大论坛”论文集编委会：《21世纪：人文与社会——首届“北大论坛”论文集》，北京：北京大学出版社，2002年，第25～30页。

②沈建华编：《饶宗颐新出土文献论证》，上海：上海古籍出版社，2005年。

③郑会欣编：《选堂序跋集》，北京：中华书局，2006年。

新经学的提出

——预期的文艺复兴工作

饶宗颐

许校长，各位学术界前辈、专家：

首先，本人得衷心感谢北京大学教授委员会诸位先生的推荐，给我一个难得的机会，在北大百年纪念论坛上发言。记得我在年前香港举行的炎黄学术会议上谈到郭店楚简中最后部分的《语丛》，可相当于庄子屡次郑重提及的 “重言”（重言应当解释为 keynotes，“重”不是重复）。古代政治领袖，像禹之“拜昌言”，这说明先哲是如何尊重传统。若干年来，由于出土简册的丰富，我亦曾多次提到未来的 21 世纪应该是重新整理古籍的时代，现在已正式进入 2001 年，我充满信心地预期，21 世纪将是我们国家踏上一个“文艺复兴”的时代。

长期以来，人文科学与其他先进的科学接轨，近年三代断代工程的成就，正是重要的说明。我们的历史是世界上文化持续没有间断和转换的，在外人代我们操笔所写的历史，认为我们的信史，只能从商代讲起，似乎很有问题。郭店楚简中显示的虞夏相继蝉联的史实，我们何能加以抹杀？所以，我们的古代史有由我们自己重写的必要。汉字的远源，从出土文物和各地陶器上刻划、书写的符号看来，正是文字的前身，北大现在正对此做全国普查，是很重要的工作。

在整理简帛经典的过程中，最令人困扰的是“异文”的复杂性。陆德明当杨隋统一南北，总结六朝人的训诂工作，编著《经典释文》一书。我曾建议应该利用简帛的新材料，参考清代学者对异文的研究成果，去重编一部新的《经典释文》。这不仅是语文方面的贡献，实际上也是某一语汇的探讨，是文化史重点问题来龙去脉的综合性研究的基础。这是一项很庞大的工程，以后可能引导出许多新的发现，对于了解某一观念的产生与形成，可取得更进一步的认识。这里有一个基本问题——是“新经学”的提出。

我们现在生活在充满进步、生机蓬勃的盛世，我们可以考虑重新塑造我们的新经学。世界上没有一个国家没有他们的 Bible

（日本至今尚保存天皇的经筵讲座，像讲《尚书》之例）。我们的哲学史，由子学时代进入经学时代，经学几乎贯彻了汉以后的整部历史。五四运动以来，把经学纳入史学，只作史料来看待，不免可惜！现在许多出土的简帛记录，把经典原型在秦汉以前的本来面目，活现在我们眼前，上海博物馆购藏的楚简，诗、礼部分亦已正式公布了。过去自宋迄清的学人千方百计去求索梦想不到的东西，现在正如苏轼诗句"大千在掌握"之中，我们应该如何珍惜，再做一番整理工夫，重新制订我们新时代的 Bible？什么是"经"？是否应考虑不限于《十三经》？问题相当复杂，我所预期的文艺复兴，不是一两个人的事，而是整个民族的事，新材料引发古旧的问题，这是时代的赐予。我们不要辜负地下的宝物和考古家的恩惠。我的呼吁，可能不是我个人的想象，而是世界汉学家共同的期望。

经书是我们的文化精华的宝库，是国民思维模式、知识涵蕴的基础；亦是先哲道德关怀与睿智的核心精义、不废江河的论著。重新认识经书的价值，在当前是有重要意义的。

"经学" 的重建，是一件繁重而具创辟性的文化事业，不仅局限文字上的校勘解释工作，更重要的是把过去经学的材料、经书构成的古代著作成员，重新做一次总检讨。何者才值得称为经，有资格厕于经书之林？我的不成熟看法有下面几点：

（1）训诂书像《尔雅》，不得列作经书。（龚定庵已讥讽"以经之舆儓为经，《尔雅》是也"）

（2）与《尚书》具有同等时代与历史价值、一些较长篇而重要的铜器铭辞，可选取二三十篇，作为弥补《尚书》的文献。《逸周书》可选部分入于此类，两者作为《尚书》的羽翼。

（3）古代史家记言与记事分开。记言的重要，保存许多古贤的微言大义，像《国语》一类著述可以入经。

（4）思想性重要的出土文献，可选一些像马王堆的"经法"、"五行"等。

（5）儒、道两家是中国本有文化的两大宗教思想基础，儒、道不相抵触，可以互补，各有它的优越性，应予兼容并包。《老子》、《庄子》等书原已被前人确认为经（《道藏》的编纂已兼收《易》家及一些别类的子书，但嫌太广泛，不够严格），自当列入新的经书体系之内，作为一重要成员。

如果以后我的新经学观点有人重视，认为有可取之处的话，我这一点小意见不妨作为一点星星之火，引起大家的考虑。

希伯来《圣经》的文字，一向说是出于神的默感和启示（revelation），被认为是天主的圣言。吾国早期经书，像《诗》、《书》、《易》，亦离开不了神。《大雅·大明》记牧野之役，有"上帝临女，无二尔心"的充满警惕的话言。《尚书·立政》述建官之制，亦兢兢地，以"灼见三有焯（明）心，以敬事上帝"。在神道设教的时代，不能不倚靠神，做任何事情，要燃烧起宗教情绪，洁净心灵，加强意志，方能有高度辉煌的成就。汤因比写了比较 21 个文明的《历史研究》的大书，最后归结到至高精神的实体（supreme spiritual reality)，他相信这个实体便是神。评论家认为，他了不起的贡献即在他提出这个精神实体给予人们最终形上疑惑的保证。“经”的重要性，由于讲的是常道，树立起真理标准，去衡量行事的正确与否，取古典的精华，用笃实的科学理解，使人的文化生活，与自然相协调，人与人之间的联系，取得和谐的境界。“经”的内容，不讲空头支票式的人类学，而是实际受用有长远教育意义的人智学(anthroposophy)。

经书对现代推进精神文明建设，有积极性的重大作用。汉人比《五经》为五常，《汉书·艺文志》说：“六艺之文：《乐》以和神，仁之表也;《诗》以正言，义之用也;《礼》以明体，明者著见，故无训也； 《书》以广听，知之术也;《春秋》以断事，信之符也。五者，盖五常之道，相须而备，而《易》为之原。”把《乐》列在前茅，乐以致和，所谓“保合太和”，“致中和，天地位，万物育”，“和”表现了中国文化的最高理想。五常是很平常的道理，是讲人与人之间互相亲爱、互相敬重、团结群众、促进文明的总原则。在科技领先的时代下，更当发扬光大，以免把人沦为物质的俘虏。道家以老子为首，《道德经》所讲的道德是高一层次，使人不执着于人与人之间的争执。“夫唯不争，故天下莫能与之争。”故儒家者流亦奉其书为圭臬，郭店楚简出土的儒家遗著，大家认为可能出于子思子、公孙尼子。同墓所出简册，亦有《道德经》的精选写本。刘向父亲刘德常持《老子》知足之计，向亦著讲《老子》四篇，惜已失传，可见前贤兼治孔、老，这是《老氏书》必列入经的主要理由。

希腊辩师(sophists)对古典的解释，认为历史是“修辞学”的一门分支学科，似有他的道理。吾国人以“文”为“史”，历史作为文学中的一门类，《文心雕龙》所以特辟《史传篇》，所谓“言之无文，行之不远”。必懂得行文的义法，然后可了然于前贤立言的要旨。换句话说，必懂得修辞的法则，然后可以言文。经学的重建，是我们推进精神文明建设的基础工作之一。

古经典旧本子的出现与整理，是弘扬我们的民族精神和先进文化的光辉，培养我们对过去知识的新的理解。我们对古代文献不是不加一字地不给以批判，而是要推陈出新，与现代接轨，把保留在历史记忆中的前人生命点滴宝贵经历的膏腴，给以新的诠释。

西方的文艺复兴运动是对古典的新发掘与认识，从古代文明的研究，为人类智识引起极大的启迪，像对近东的楔形文和埃及象形文、俗体字的辨认，考古工作对人文主义发挥出决定性的作用，古文明研究的扩大，使人们对整个世界的看法有崭新的认知，添加了进一步对历史文化的洞察力。反观吾国近半世纪以来地下出土文物丰富的总和，比较西方文艺复兴以来考古所得的成绩，可相匹敌。令人感觉到有另外一个地下的中国—— 一个历史古文化充满新鲜感、富有刺激性的古国。事实上，中国已成为世界国家的一个环节，在全球性的总的考察之下，中国的考古、古文明研究的事业，亦和世界分不开，如果自己不做，亦有人家为之越俎代庖，所以我们不能不急起直追。近时北京大学出版社有《十三经注疏》新校点本的印行，集合多位专家，历时五载，进行了精密的校勘工作，撰写新的校勘记二十余万条，超过阮元的旧刻本。这正说明北大同仁对经学的重视和关心，同时也对经学研究做出新的贡献。

“欧洲文艺复兴” 是人文主义的产儿，过去学人，无不重视。蒋方震写有专著，请梁启超作序，梁氏奋笔为之，取清代经学，与之互相比较，一写就十几万字，成为另一部新书——《清代学术概论》。清代经学的成就，在方法与考证方面当然有它独到的成绩，但他们研究的对象，仍然是旧的材料，周仍旧邦，难以维新，和今天出土林林总总的文物，万万不能相比。

20世纪 60 年代，我的好友法国戴密微先生（Paul Demieville）多次告诉我，他很后悔花去太多精力于佛学，他发觉中国文学资源的丰富，世界上罕有可与伦比，但中国人不一定知悉。当前是科技带头的时代，人文科学更增加它的重任，到底操纵物质的还是人，“人”的学问和“物”的学问是同样重要的。我们应该好好去认识自己，自大与自贬都是不必要的，我们的价值判断似乎应该建立于“自觉”、“自尊”、“自信”三者结成的互联网之上，而以“求是”、“求真”、“求正”三大广阔目标的追求，去完成我们的任务。

在座的季羡林先生，多年以来倡导他的天人合一观。以我的浅陋，很想为季老的学说，增加一小小注脚。我认为“天人合一”，不妨说成“天人互益”，一切的事业，要从益人而不损人的原则出发，并以此为归宿，《阴符经》说：“天人合发，万变定机。”这是从消极的、不好的方面来讲（“合发”是指“天发杀机，龙蛇起陆；人发杀机，天地反覆”。两者同时发生，天发是“公道”，人发是“私情”）。我讲互益，是从积极和好的方面来讲。马王堆《易》卦的排列，最后的巽宫，以《益卦》作为最后一卦，结束全局。这与今本《周易》以“既济”、“未济”二卦作结不同，而异曲同工。以“未济”收场，表示保留“有余”，这是中国文化一大特色。“益”，是积极而富建设性的观念。《益卦》初九爻辞说：“利用为大作，元吉，无咎。”上九的爻辞说：“立心勿恒，凶。”我们如果要大展鸿猷，不是光说说而已，而是要展开“大作为”，这样或许可以达到像苏诗所说的“天人争挽留”的境界，是天与人所要共同争取的。经书里面，许多精义对现代人还是有极大的启迪的！谢谢各位。

2001 年 11 月 2 日

（此文为北京大学百年纪念发言稿）

中流自在心

——读《饶宗颐二十世纪学术文集》

姜伯勤①

一、对超越性大智慧的追寻

姜伯勤教授近照

饶宗颐先生名宗颐，字固庵，号选堂，1917 年生于广东省潮州市。

先生幼时，因家人希其师法宋代大学问家周敦颐，遂以“宗颐”为名。及长，素喜南朝梁太子编纂之《昭明文选》，衷情“选学”，且又喜元代文人钱选，故以“选堂”为号。先生早年的学术文集，即名为《选堂集林[史林]》。

选堂先生是学兼中外、德艺双馨的学术大师，业已出版的著作超过六十部，论文约四百篇，诗文创作集逾二十种，书画集约十种。2003 年 11 月，台湾新文丰出版公司出版《饶宗颐二十世纪学术文集》(以下简称《文集》)，共二十大册②。香港大学饶宗颐学术馆郑炜明等先生撰有《<饶宗颐二十世纪学术文集 > 各卷提要》③，是可窥见文集的宏大气魄。

“万古不磨意，中流自在心”，选堂先生的这一联语，正好体现了这部洋洋洒洒的学术文集对超越性大智慧的追寻。

“万古不磨意”，即追寻一种超越时空，历久弥新的境界。季羡林先生盛赞选堂先生不断地创造“新颖”。季先生指出：饶先生治学方面之广，应用材料之博，提出问题之新颖，论证方法之细微，这些都是我们应当从他的学术著作中学习的。季先生的结语写道，要“放眼世界”，“创新、创新、再创新”④。

在《中国学术》第七辑中，刘东教授曾指出，当代是“智慧创化虽远不敷用、理论生产却久已过剩的年代”，是各种“舶来理论”“压向本土心智的年代”[5]。

故此“中流自在心”，也可以说是“本土心智”的大发扬。朱子有云：“屹立若中流砥柱。”则“中流”犹言在水流中央，在大潮之中，在主流之中。而“通达无碍”谓之“自在”，亦可理解为一种超越性智慧，则“中流自在心”，亦即立足于学术主流，与时俱进地追寻中国学术赖以生发的本土心智，追寻博大而超越性的大智慧。

而饶先生的这一求索历程臻于化境，正如钱仲联先生在《选堂诗词集序》中所云：“学与诗合，随所触发，莫非灵境，而又锻思冥茫，径路绝而风云通。选堂于此，掉臂游行，得大自在。”[6]

二、与国际汉学大家的互动

20世纪西方著名汉学家法兰西学院院士戴密微教授于 84 岁时（1977）撰写了《<选堂书画集>序》，说道“余与君相知最深”，又说，“年前君旅法京，幸获短期之合作，其时君正为该院之院士也”。盛赞选堂先生“于艺术领域，处处显露其过人之天分”，“著作等身”，“得知君在最富人情之文明社会中，乃一最堪作楷模之人物”[7]。

日本汉学大师吉川幸次郎撰《<词籍考>序》亦有云：

“幸次郎昔亦治目录之业矣，而厌之以类贾人之簿录者多，能为读书者目如宋之晁陈者寡也。今教授之书，诚可谓读书者之目，自此之后，读词者必发轫于此，犹三十年前幸次郎之读词，发轫于钓师之词综也。”

吉川先生高度评价是书，谓之：“有疏证，有品骘，考词人之生平，叙词流之升降，字句异同，亦举其要，词之史、之话、之平议寓焉。”[8]由是将选堂先生《词籍考》书，看作治词学之津梁。

《文集》辑有国际汉学界及几位中华学人的八篇推荐辞（依字母排列），作者如下：

1. 哈佛大学东亚语文与文明系主任包弼德（Pete K. Bo1）教授
2. 法国金石美文学院院士谢和耐（Jacques Gemet）教授
3. 牛津大学霍克思（David Hawkes）教授
4. 东京大学名誉教授，创价大学文学部池田温教授
5. 北京大学前副校长季羡林教授
6. 台湾中研院院士李亦园教授
7. 哈佛大学宇文所安（Stepbe Owen）教授

8. 国立新加坡大学东亚研究所所长王赓武教授

池田温教授更中肯地指出：20世纪前半之代表汉学者可屈指王观堂先生(1877—1927)，而后半者应当举饶选堂先生(1917—)，比观堂先生活动限于东亚，选堂先生讲学遍及印度、法京、美国等，寿又近倍，宜矣其业绩丰富多彩，更为学艺并茂，公刊十四卷论集，一定鼓舞世界汉学进展。

霍克思教授指出：西方汉学家注视着饶宗颐教授毕生的事业，正如河伯凝视着东海，敬畏它的宽广博大，不仅其作品无限博学，而且是一位书法大师、画家和优雅的诗文作者。

选堂先生翻越了一个时期中某些中国学人单向度地向西方汉学家问学的那一页，而在20世纪中叶，掀开了西方汉学大师向饶先生问学的新的一页，如法国汉学大师戴密微先生的谢灵运研究即颇受选堂先生的影响。

《文集》卷十四第734页有云：

“戴教授治谢康乐诗，译述至当。年七十余，尝申请赴华，作上虞、永嘉之游而不果，终生引为憾事。君殁已近十年。余顷自杭州来雁荡，所经多是谢诗山水之张，感君此事，用志腹痛之戚。”

选堂先生2001年又说：“60年代，我的好友法国戴密微先生（Prof. Paul Demievlle）多次告诉我，他很后悔花太多精力于佛学，他发觉中国文学资产的丰富，世界罕有可与伦比，但中国人并不一定知悉。”[⑨]

饶先生游历瑞士的诗集《白山集》，由戴密微先生译为法文公刊，体现了这两大国际汉学大师的学术友谊，也体现了先生在西方首屈一指的汉学大师心中的地位。选堂先生与国际汉学大家的互动，使之能长久立足于相关学术的前沿。

三、礼学：一个正本清源的切入点

追寻“万古不磨意”的一个实例，是选堂先生对“礼”的“宇宙义”的阐发。宗颐先生应法国之邀前往讲授中国古代宗教史，又是从“礼”的宗教义入手。这也是与国际学术互动的一个生动的例证。“礼学”可以视为选堂先生近年学术进展的一个重要切入点。

《文集》卷四为《经术、礼乐》，本卷载有《殷礼提纲》。笔者在1992年所撰《从学术源流论饶宗颐先生的治学风格》一文中写道：“饶先生近年来正着手据甲骨文研讨殷礼，这是一件有‘正本清源’意义的重要工作。”[⑩]

《殷礼提纲》一文首章讨论殷代的日祭与日书，讨论从1975年湖北云梦出土睡虎地竹简引入，在简帛材料启发下对甲骨文材料重新梳理，这也可以说是饶先生所主张的“五重证据法”的一个实例。

为什么说这是一件“正本清源”的工作？

《文集》卷一《史溯》收有一篇《历史家对萨满主义应作重新反思与检讨“巫”的新认识》，严正指出“我们不能拿民间原始性魔法型态的藉神附身”的“萨满式的巫术来任意加于三代之上，特别是与殷周有关祭祀的典制来作种种比附”。春秋以来的学人“都用一个‘礼’字来概括三代的典章制度”，主张用“礼”的观念推进有关制度的探讨，采代替“巫术宗教”的看法。认为“从制度史的观念来整理古史”，“可以避免误入歧途”，这就是“正本清源”。

《文集》卷四又载有《春秋左伶中之“礼经”及重要礼论》。文章指出，“‘礼经’意思是礼的大经，换一句话说是正常的合理法则”。“故知‘礼经’是指正常合礼的大法。”经，是常例、常道。如郑子产所云：“夫礼，天之经也，地之义也，民之行也。”

饶先生指出：“子产是春秋时代赋予礼以宇宙义构成新的重要理论之一人。这样看来，‘礼’不能仅以 ritual 目之，礼的性质简直可以视为印度的 rta。”

子产认为揖让周徒之礼，“是仪也，非礼也”。饶宗颐先生更区别了“礼仪”与“礼义”，分析了“礼”从制度仪式到宇宙间“义法”的发展。饶先生把“礼”与印度《吠陀》(梨俱吠陀)之血比较，这也体现了包括与外国古史比较的“五重证据法”。

《文集》卷四还收入《史与礼》一文。论述了“史所以纪人事，故史必以礼为其纪纲”。饶先生指出：“史不能离乎礼。”又云：“吾华重人学，史纪人事，必以礼为纲纪，此温公之历史哲学，以礼字贯穿整部历史，其说所以历久而不磨者也。”从而对司马光给予了高度的评价。

《文集》卷五又收入《中国文化史上宗教与文学的特殊关系》。此篇为选堂先生 1993 年 12 月 26 日接受法京高等研究院所颁该院成立一百二十五周年以来首位人文科博士时的演讲辞中文稿，其中一个重要的结论是：“中国原始宗教的规律与生活，儒家之说，以一个‘礼’字概括之，礼本是一种事神致福的社会性行为。礼制为祭祀、会盟、宴饮、朝聘等等系列划分等级的仪节。”古代的祭品主要有玉和帛。

四、宗教学的双向开拓

《文集》卷五为《宗教学》，内涵《宗教总说》、《道教探原》、《佛教渊源论》、《老子想尔注校证》、《悉昙学绪论》等五辑，体现了选堂先生对宗教学研究的开拓和创新。这种开拓的一个方面是从时间的坐标上，向早期宗教史开拓。

《宗教总说》一辑载有《大汶口“明神”记号与后代礼制——论远古之日月崇拜》一文，时下颇有以大汶口所出日、月合璧符号释为早期之文字者，选堂先生的创新表现在，指出大汶口所出相关材料中，“(1)从上面这些图形看来，还没有加以规范化，符号随时任意写变，可见它决不是文字，(2)有二种形态，一是以日轮为主体，一是合日月二者为一，而以新月为日轮之下体”。

在此选堂先生对早期符号和文字作出了断然的区分，在论述中，与锡兰、西藏相关符号进行了比较；又与埃及和西亚苏末图形文进行了比较。联系到良渚玉璧相关图像指出大汶口该符号在日月之下的图像很像祭场凶坟坛，又联系史籍及甲骨文资料，指出此大汶口图像当为"明神"记号，与后代礼制有关。

在《道教探原》一辑中，《道教创世纪》是一篇非常重要的研究成果，因为"道教经典本无所谓《创世纪》的专著"。选堂先生指出："道教起于蜀中，汉人传说第一位开天辟地的人物盘古氏，最先竟始出现于四川。"又云："三皇之说与三国之际的谶纬之学有密切关系。葛洪《枕中书》云：'天皇十三头，地皇十一头，人皇九头，各治三万六千岁。'葛洪此说当本自《元始上真众仙记》一书。"

《佛教渊源论》一辑，收入《新州——六祖出生地及其传法偈》，是先生考察广东省新兴县国恩寺及六祖故居后所作的研究，对六祖传法偈从佛道二家典籍中找到出典，同辑收入《慧能及<六祖坛经>的一些问题》，是先生在澳门举行的《慧能与岭南文化》国际学术研讨会上的主旨发言，由中山大学历史系向群博士记录整理[⑪]，其中有云："从我个人去新兴的感受来说，慧能不应是如《坛经》等禅籍所描述的那样目不识丁，国恩寺系慧能拾其故宅而建，面积很大。"

《老子想尔注校证》一辑，全文收入1991年上海古籍出版社出版的同名专著，饶先生因此成为研究敦煌本《老子想尔注》之第一人，1956年初版后引起杨联陞先生、陈世骧先生和胡适之先生等著名学者的关注与讨论。选堂先生为本书作结论说："（1）《想尔注》成于系师张鲁之手，托始于张陵。（2）《想尔注》前应有九戒。（3）《想尔》书，经文之后记五千字数。（4）《想尔》为五千文本，与系师张镇南本相同。（5）《想尔》与《大存思图》相辅为用。（6）《想尔注》及《戒》，为高玄法师所受。"

由于《想尔》一书在道教史上之地位，所以选堂先生这一研究对国际道教史研究有很大的推动作用，一个明显的例子是1967年日本道教史家大渊忍尔在《冈山史学》十九号上，也发表了《老子想尔注的成立》。对宗教史的双向开拓中，另一个向度是对宗教与语言学、文学、画学的关系作横向的探新。

五、梵学与禅学、禅与艺术

饶宗颐先生曾随印度人士白春晖先生学习梵文三年。1963年，被印度班达伽研究所聘为研究员，又向白春晖先生之父V.G. Paranjpe教授问学，因而对梵学研究甚深。如《文集》中《宗教学》卷的最后一辑是《悉昙学绪论》，印度悉昙学即语言音韵之学，随着佛教之流行于中国，此学也影响中国长达数百年之久。饶先生指出，向来一般学人认为悉昙学在华盛行要在唐代开（元）、贞（元）密教流传以后，不知悉昙的输入，从北凉时起……河西法朗已有"明合十四音为'肆昙'字名之语，'肆昙'即是悉昙"。

更加珍贵的是，饶先生关于中国禅学的研究，乃是致力于印度之梵学的中国化。

《文集》卷十三为《艺术（上）》及《艺术（下）》。在《艺术（下）》中，有《八大山人画说》一辑。此辑首篇之《八大山人禅画索隐》中，有一节为《泛论禅与艺术》。

选堂先生引述了拓溪从实师以“不与白云连”的诗句，回答“如何是禅”的提问。饶先生说：“‘不与白云连’，读起来很像谢灵运的诗句”。指出“禅家采用诗句型的语言来说明深奥的本体问题，摆脱去名理上纠缠不清的逻辑性语言，单刀直入地用文学上‘立片言之警策’的方法来启发人们心理上的睿智”。“这种办法可说是‘致知’上的一种艺术手段。”因此，所谓“禅的世界，几乎是诗的世界”。

先生又以慧能禅与印度作对比。印度禅窟，是要“在深林古洞里，去习苦行。在华则可活活泼泼地运用于日常生活”。“六祖已指示，禅不光是要静坐，而是要培养心中湛然一片光明海”。“中国的禅僧和诗几乎是分不开的”。说到禅与画，饶先生说：“画家有时亦可运用禅理去建立他的构图方案。”

卷十三《艺术（上）》，有《画宁页新编》，其中收有《方以智之画论》，引用了方以智论画的一段语录：“虽有六法，而写意本无一法。妙处无他，不落有无而已。”

饶先生说：“此篇为极重要文字，指出画之妙处，须不落入有无两边，匠笔、文笔二者皆讥。”又说：“周亮工于《无可传》（按无可即方以智之法名）拈出其‘禅机画’，此则不啻为‘禅机画论’矣。”

《文集》卷五之页又有云：“禅家之学，影响及于艺事，自元以来，已深入诗流画伯之心坎。”从而不能不慨叹于“今世道与艺分途，几如南辕北辙”[12]。

六、敦煌学研究中“贯通的文化史方法”

饶宗颐先生指出：“所谓敦煌学，从狭义来说，本来是专指莫高窟的塑像、壁画与文书的研究，如果从广义来说，应该指敦煌地区的历史与文物的探究。”[13]饶先生研究的方法超逸了一般编目性的工作，他用平实的语言指出：“我一向认为敦煌石窟所出的经卷文物，不过是历史上的补充资料……我喜欢用贯通的文化史方法，利用它们作为辅助的史料，指出它在历史某一问题上的关键意义。”这里既与猎奇观念和夸大倾向划清了界线，又力求在通识指导下寻求“贯通”和“关键”。这是值得我辈后学再三深思的、再三学习的。

《文集》卷八《敦煌学》（上）收入《敦煌学散论》、《法京所藏敦煌群书及书法题记》、《敦煌白画》（1978年，巴黎），《文集》

卷八《敦煌学》(下)收入《敦煌曲》(1971年，巴黎)、《敦煌曲续论》(1995年)、《敦煌琵琶谱论集》(1990年)。

以上诸著作中，贯穿着选堂先生敦煌学研究中“贯通的文化史方法”，突出表现为两个方面的创新：

第一，在敦煌古文书学和古文献学方面的创新。

由于在巴黎和伦敦亲自研究了那里的敦煌写本藏卷，因而在《敦煌曲》及《敦煌曲续论》中，对《云谣集》问题进行了正本清源的研究，澄清了若干误解。

对于散藏他处或原来未及论述的敦煌写本资料，进行了新的发掘和梳理，如《神玺三年光世音赞跋——柏林印度艺术博物馆藏经卷题识》。

又如《敦煌曲订补》中发掘了伯三七一八《寿练子》、伯三一五五《浪淘沙》、伯二七四八《思越人》等等，又有列宁格勒一四五六《曲子还京洛》、列宁格勒一三六九《长安词》等。

此外，又出版《敦煌书法丛刊》29册，1983—1986年编成出版，1993年再版于广东省。

第二，以敦煌文书为史料而发展各种专门之学方面的创新。

如敦煌曲研究1971年与戴密微教授合作出版音乐文献学与音乐史方面的专著《敦煌曲》。研究了从梵呗、法乐的源头，由声曲折和民谣的源头，如何演变为杂曲、曲子，影响到后来的文人词。

又如敦煌白画的研究，1978年出版与研究《敦煌白画》专著，敦煌白画为前人未接触之题目，这一中国古代美术绘画中的素画及白描与作品，经选堂先生首创性研究，影响巨大。

再如1956年发表的《老子想尔注校笺》专著，令选堂先生成为研究老子想尔注之第一人。该书已为巴黎大学中国学院道教史研究班列为教材。

七、国际学术视野与古史五重证

《文集》卷一《史溯》内容为《神话传说与比较古史学》。在第18页中有如下图表：

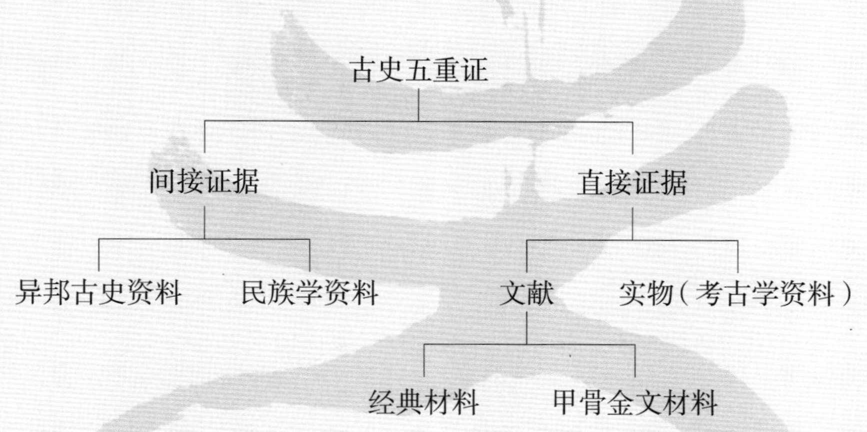

在近代学术史上，王国维先生首倡“二重证据法”，选堂先生于近年倡导用“三重证据法”，比王国维多了一重甲骨文史料的证据，杨向奎先生又加上一重“民族学的材料”，选堂先生主张“再增入异邦的古史材料如西亚楔形文字的研究”，这样就成为“古史五重证”。

《文集》卷三为简帛学，包括《简帛文薮》二十四篇、《长沙楚帛书研究》、《睡虎地秦简日书研究》、与李均明合著之《敦煌汉简编年考证》及《新莽简辑证》。富有创新性，胜义迭出，例如：

论郭店楚简《老子》“至虚恒”即马王堆甲本“至虚极”，“虚恒”与“虚极”乃同义互用，解明“至虚恒”即“致虚恒道”。从而订正了前人以为“虚无之说”自庄子始有而老子无此说的误解。

在对《楚帛书》的释读与其内涵的探究中，选堂先生指出：西方学者以楚帛书之发现，与死海经卷具有同等价值。缯书于1942年九月在长沙子弹库木椁墓出土，死海经卷于1947年发现。帛书除述楚祖先与洪水开辟神话之外，对于日月星辰运行之变动及神民关系问题，言之再三。

《长沙子弹库残帛文字小记》是对中山大学商志教授出示其尊人商承祚先生所藏楚帛书的考证，文章最后注明“谨以此文纪念锡永先生”⑭。

选堂先生倡说“古史五重证”方法，体现了十分广阔的国际性学术视野，以及日新又新的创新精神，《符号·初文与字母——汉字树》一书就是这种精神的最好说明。

《符号·初文与字母——汉字树》经香港商务印书馆 1996 年 7 月出版，该书日文译本 2003 年 5 月面世，饶先生因等待日文本出版后再行修改，故 2003 年 10 月出版本文集时未及收入。

本书研究了陶符（半坡等地发现陶器上的符号）的空间分布与南北交流，半坡符号不能仅从甲骨文加以比附。第 8 篇为《古陶符与闪字母——字母学新探索》，第 9 篇为《比较古符号学——陶符与古苏美尔线形文的初步比较》，由此更显示了注重异邦古史资料的学术视野与古史五重证方法的关系。

八、扎根故土："潮学"研究与家学渊源

今年是选堂先生的九十大寿，在这跨世纪的辉煌学术生涯中，其国际性学术视野又是与恪守故土学术家园的爱国爱乡的人文情怀分不开的。饶宗颐先生的父亲饶锷老先生，是潮州硕学之士。家中的藏书楼 "天啸楼"，建于 1929 年，即选堂先生 12 岁之时。这里是饶先生成才的发足点。

从家学渊源来看，饶锷先生其学受孙诒让影响。著作有《潮州艺文志》多卷、《天啸楼集》五卷等。所建"天啸楼"，藏书十万卷，为粤东最负盛名的藏书楼。

选堂先生 16 岁时曾作《咏优昙花诗》，被誉为神童，后发表于中山大学中文系《文学杂志》十一期。

19 岁（1935）受聘中山大学广东通志馆专任纂修，加入顾颉刚先生创办的禹贡学会，时通志馆在文德路，收藏方志逾千种。1939 年，23 岁，受中山大学聘为研究员。

其时饶宗颐先生学术受顾颉刚先生和禹贡学派影响。顾颉刚先生此前在中山大学供职，并为中大采购方志及碑刻拓本。饶先生利用馆藏方志撰古地辨，24 岁，成《楚辞地理考》（1940），童书业先生为之作序；又曾应顾颉刚先生之约，为齐鲁大学国学研究所编纂新莽史。

这种学术影响，再加上选堂先生的家学渊源，促进了"潮州学"的建立。饶先生在《文集》卷九（下）所收之《潮州学在中国文化史上的重要性——何以要建立'潮州学'》一文中指出："潮州人文现象和整个国家的文化历史当然是分不开的。"[15]从饶先生的身上看到，潮州人文的发达，与唐以后"韩学"（韩愈学）的流风余韵分不开，也与对唐以前之"选学"的汲取和继承分不开。

《文集》卷九（第 13 册）为《潮学》上，内容有：

《广济桥志》，1936 年前后撰，广济桥即湘子桥。

《潮州沿革志》。

《潮州艺文志》。

《潮汕地方史论集》。

《薛中离年谱》。

《郭之奇年谱》。

《文集》卷九下(第 14 册)《潮学》,有《潮州韩文公祠沿革考》、《广东潮州旧志考》。又有《南澳——台海与大陆间的跳板》,此文对研究台湾史有重要价值。

九、后论:确立学术自信心

选堂先生长期游学于东西南洋国际汉学界,但是,他的根却牢牢扎在祖国传统学术的故土中。先生为《华学》杂志的题词中写道"确立学术的自尊心"。这,就是贯穿在先生毕生学术工作中的一种坚强信念。

李学勤先生于 1998 年 12 月 14 日在香港《大公报》撰文指出,《符号·初文与字母——汉字树》一书体现了"文字起源研究的新视野",称"饶先生对世界各国古代文明的研究有深厚素养"。饶先生从"字母型符号"出发对字母学的新探索,是其世界观点的又一体现[16]。

曾宪通教授在近作《治学游艺七十春——贺饶宗颐教授"米寿"》一文中,精辟地指出:"从中国学术发展史的角度考察,20 世纪初至 90 年代,正是中国学术处于'信古—疑古—证古'的转型时期",饶先生"学术活动的七十年中,一直置身于每个时代潮流的最前列"。最近出版的《文集》正是曾教授这一个宏论的确证。《文集》卷四《经术、礼乐》有《新经学的提出——预期的文艺复兴工作》一文,把证古工作表述为"重新塑造我们新的经学",饶先生说,"我所预期的文艺复兴,不是一二人的事,而是整个民族的事","这是时代的赐予"。我们应当决不辜负这个时代的赐予,在选堂先生启发下继续奋进!

曾宪通先生在《二十世纪国学研究的丰碑》中指出:"《文集》从世界范围的角度和人类文明的高度审视国内与域外的文化交流与融合,如首译楔形文字的《近东开辟史诗》,破译与考释印度河谷的印章图形文字,以及新创前史比较文字学等。"[17]《饶宗颐二十世纪学术文集》无疑是选堂先生"确立学术自信心"的一个辉煌的典范。

注　释：

① 中山大学教授。

② 饶宗颐：《饶宗颐二十世纪学术文集》，共14卷20册，台北：新文丰出版公司，2003年。以下简称《文集》。

③ 郑炜明等：《〈饶宗颐二十世纪学术文集〉各卷提要》，见《造化心源——饶宗颐的学术与艺术》，香港大学饶宗颐学术馆、广州艺术博物院、潮州淡浮院、广东万昌文化艺术发展有限公司联合出版，广州，2004年，第6～26页。

④ 季羡林：《饶宗颐史学论著选序》，见《饶宗颐史学论著选》，上海：上海古籍出版社，1993年。

⑤ 刘东：《理论与心智》，《中国学术》，2001年3期（总第7辑），北京，2001年。

⑥ 钱仲联：《〈选堂诗词集〉序》，见饶宗颐《清晖集》，深圳：海天出版社，1999年，第448～449页。

⑦ 同③之《造化心源——饶宗颐的学术与艺术》，第43页。

⑧ 见郑炜明编《论饶宗颐》，第258～259页所载吉川先生大文。

⑨《文集》卷四《经术、礼乐》，总第6册，第12页。

⑩ 姜伯勤：《从学术源流论饶宗颐先生的治学风格》（1992），见郑炜明编《论饶宗颐》，香港三联书店，1995年，第466页。

⑪《文集》卷五（总第7册），第331页。

⑫《文集》卷五，第361页《狮子林与天如和尚》。

⑬《文集》卷八（上，总第11册），第296页。

⑭《文集》卷三，第358～361页，《长沙子弹库残帛文字小记》。

⑮ 此文参见黄挺编《饶宗颐潮州地方史论集》，汕头：汕头大学出版社，1996年，第573页。

⑯ 李学勤：《文字起源研究的新视野》，原载香港《大公报》1998年12月4日，见李学勤《重写学术史》，石家庄：河北教育出版社，2002年。

⑰ 同③《造化心源——饶宗颐的学术与艺术》，第61页。

选堂先生新世纪著作的先声

——读《符号·初文与字母——汉字树》

姜伯勤

一、世界性学术视野

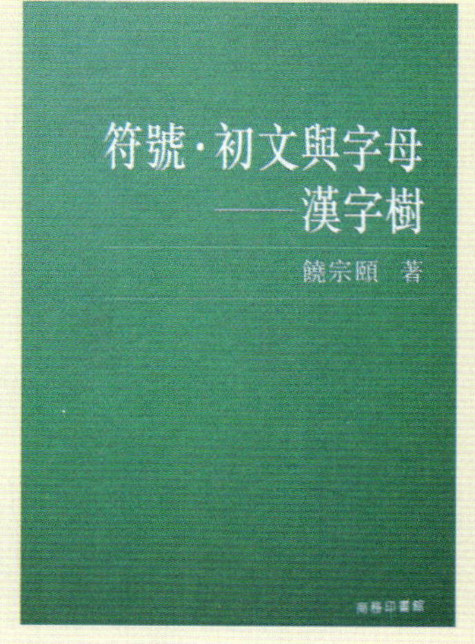

饶宗颐先生新著《符号·初文与字母——汉字树》(以下简称《汉字树》),1998年在香港商务印书馆出版。本书因日译本出版的原因,而未收入《饶宗颐二十世纪学术文集》。而这件事情恰好可以看作一种隐喻,它喻示着《汉字树》以其跨世纪的学术创造,而可以视为选堂先生21世纪新著的先声。诚如李学勤先生在为本书作的书评《文字起源研究的新视野》一文中指出,“从世界观点出发”,“正是饶先生所作研究的独到之处”[①]。

早在1991年,饶先生在为李学勤先生《比较考古学随笔》作序时即已指出:“我近年研究陶器上的符号,相信新石器时代,老早已开拓了‘陶(瓷)之路’,形成东西文化上的接触……

1. 文字未形成以前,有一段漫长的时间,流行某一记号,代表某些吉利、富有的意义,可说是‘陶符时代’。

2. 这些同形陶符的传播,东南地区亦会出现,诸夏境内,一向华夷戎狄杂处,正可说明这一现象。

3. 中外亦有不少同形记号,我尝举出卍等字为例,说明古代陶器之路早已存在。我另有专书作详细研究。”[②]

1998年出版的《汉字树》就是这本“专书”。在这本“专书”中,饶先生严谨地提出了“陶形文”与文字的区别,“图形文”与文字的区别,“字母形符号”与文字的区别。[③]从而别开生面地提出了“字母型符号”的创说,并廓清了前此研究者中的一些误会。

选堂先生以其独到的世界性学术视野,以仰韶文化半坡类型陶器符号,同腓尼基字母比较,竟有二十个以上的符号完全相同。

饶先生说“此种符号少数亦见于西亚早期的线形图文，似反映当时闪族人使用字母尝采择彩陶上的若干符号，来代替借用楔形文的雏形字母。此一特殊现象，可为字母学展开新的课题——字母出自古陶文的一新的假说”[④]。

饶先生说：“图形是物象，符号是指事，图形与线形显然应分为二系。Gelb 论闪族记号(semitic signary)有源于图形与非来自图形而起于线形纹样的(not from picture but fromlinear forms)。二途畛分，不可淆混。吾国大汶口陶文即属于图形系，半坡姜寨则属于线形系。”[⑤]

陶文二里头所出符号，可上溯到公元前 2000 年—前 1400 年。选堂先生所论的这种 “字母型符号”，直到新疆出土的公元后六七世纪文物中仍有所见，前后绵延二三千年。而所论卍“宇宙性符号”见于印度河谷，则可上溯至公元前二千年。[⑥]

二、新疆考古新发现对于本书创说的印证

《汉字树》指出：诸如“半坡系陶符”“可暂定为古代西北少数民族羌戎系使用的符号”[⑦]。新疆地区即古代戎狄出没的地方。

吐鲁番地区，包括鄯善县洋海墓地等处，出土了不少拜占庭金币或其仿制品，2006 年 5 月新疆人民出版社出版了吐鲁番学研究院之大型出版物《吐鲁番学新论》，卷前彩色图版第 5 页，公刊两枚称为 “金币” 的图像（见左图），其下一枚有一罗马人图像，左边有“卍”字符，右边有符，无铭文及年代字样。[⑧]从图版初步判断，此件属“钱形金片或金饰片”类型。据以往研究，这种类型出土物“单面打压，本身很薄”，“只有正面图案”，“而且图案比较模糊”，“很难判定他们的原型或年代，也很难判定它们是否有钱币功能”。[⑨]由于此件没有拜占庭金币通常所见的铭文，我们初步认为，这是一种因含在死者口中的流行葬仪需要而制作的“金饰片”。此种出土物一般流行于六七世纪前后。

值得注意的是，此件仿制品上打压有远古西北地区陶文图文及陶文线形字母型符号中所见的记号，如卍，梵称 Sautivastika，公元前 2000 年的印度河河谷出土印章有之，公元前 1 世纪月氏人遗存之金剑鞘有此，此符号在吾国新石器时代，分布地区，西则湟水流域，东至辽宁的小河沿。[⑩]

现在，此种符号选堂先生称作“宇宙性符号”，它恰好见于前引吐鲁番新出金币形金饰片的左边。

关于，饶先生在《汉字树》中的“比较古符学——陶符与苏美尔古线形文的初步比较”一节指出：“姜寨第一期（拓本 18）刻于钵里彩宽带之上……栏桥寺洼刻符 3 与此相同，惟倒写耳。及，音 e，（La、168、184）。”[⑪]

饶先生此地所记之 La、168、184，当指立帕（R. Labat）之 1976 年版《阿卡德铭文辞典》（Manueld’Epigraphie Akkadienne）之第 168、184 页，而中土之林雅甲群陶文亦有 ## 符号。[12] 更古者如饶先生有云：“半坡陶文，如果和苏美尔人之乌鲁克古文比较，亦有某些相似处，两者均有## 符号。”[13]“##” 等符号“普遍出现于西亚乌鲁克（Uruk）地区”[14]。

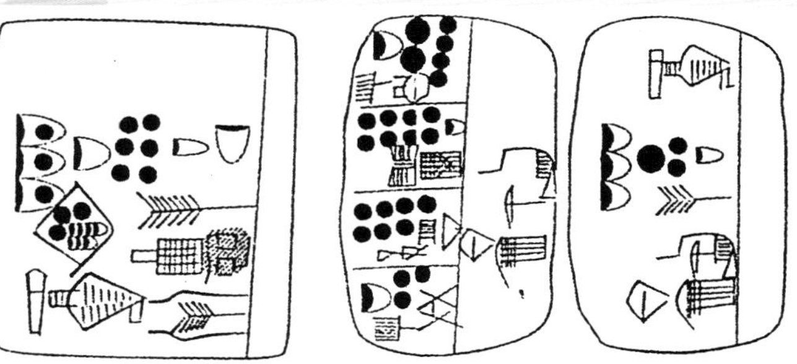

《汉字树》附录《苏美尔线形文与华符号同形之泥板文字资料》中有 符号[15]。从右图中我们也可见到此种图形见于泥板文书中的线形符号[16]。这说明，在公元前 2000 年至公元 700 年的漫长岁月中，选堂先生所揭示出的“宇宙性符号”和“字母型符号”，在中华西北地区是真实存在的。

在新疆地区发现的“吐火罗文”文书[17]、怯卢文书[18]，和南西北利亚、鄂尔多斯直到新疆发现古突厥语如尼文碑刻与题铭[19]，以及国内外学术界对它们的研究，继续证明了《汉字树》一书中的有关论述，而上述发现又都与选堂先生所说中国西北地区戎狄文化的沉淀有关。

选堂先生指出，关于陶符远古所出之地，如侯马 “先时还是狄人的地方（晋地有山戎、赤狄）。半坡系统的符号，大抵在戎、狄、羌人的地方仍流行着。所以和汉字主体的甲骨文不同系统，我们可以简单地说，这些陶符是古代中国境内西北地区少数民族使用的一种表意记号，现在试以后代同样的单文记号表现于丁零、突厥地区的器物资料作比证，其中有许多符号正是一样的，可以追寻它们之间蛛丝马迹的关系”[20]。

新疆吐鲁番直至汉唐之间，都是吐火罗人、突厥人、粟特人的出没地，而突厥如尼字母和粟特字母又与闪语字母有不解之缘，这就是为什么这些表示吉祥的“宇宙性符号和字母型符号”在隋唐时期仍见于吐鲁番地区的缘由。建立汉字树的华夏人，在与使用字母的西域民族的交往中，却体现了“和而不同”的伟大精神，而“汉字树”，则是人类文明中生发出来的奇葩。

饶宗颐先生 1976 年在法国随勃罗蒂教授研治西亚楔形文字，并译有《近东开辟史诗》[21]，这种世界性学术视野，使饶先生没有把陶文简单地和甲骨文研究拉扯在一起，而是提出了 “字母型符号” 及其与戎狄关系的创说，另一方面，又由于选堂先生对甲骨、简帛等中国古文字学研究至深，所以在世界性学术视野下，没有套用西方现存比较文字学的框架，而是别具慧心地提出了 “汉字树” 说。所以，《汉字树》一书在讨论和陶文所见“字母型符号”以后，以大量篇幅讨论了“汉字树”的内涵。

三、汉字树——文字、文学、书法艺术三者的连锁发展

在理解选堂先生“汉字树”这一创说的内涵之前，我们宜先了解“形文”和“声文”这两个概念。

“形文”是作为文字的符号，为一种形象化的“符号”。

“声文”是表达声音的文字符号。

关于“汉字树”这一概念的意义，可以理解为：

——语、文分离。“书同文”的背景下，实行着文字对语言，同一种文字对不同方音的控制。汉文字脱离语言，以形为主。

——文字不随语言变化。汉字只是部分记音，文字不作言语化，文字高度美化。文字一字一音，每字大致是一行一声，形文与声文构成对称之美，文字走上规范化道路。文字结合书画艺术，文字结合文学上的形文与声文高度美化。由文字、文学、书法（艺术）造成汉字这一大树。

文字、文学、艺术（书法）三者的连锁发展，构成汉文化最大特色和引人入胜的魅力。选堂先生说，由于不选择字母学的文字发展路向，“这样使到中国文字和文学及艺术连结在一起共同发展，反而成为汉字文化的强烈优点”[22]。

拉丁文因被架空而衰落，埃及象形文和两河泥板文字历经衰亡，而“汉字树”却有着日新又新的生命力，而成为中华文化的一面旗帜。

值得注意的是，人类进入信息化时代和电脑普及的今天，“汉字树”依然经受了时代的考验和挑战，选堂先生说：“现代电脑使用中文，由于同音字只有极少数，反觉简单方便。”[23]

在中华大地多民族历史的数千年风雨中，汉字树经历了各种曲折历史的考验，表现出中华文化强烈的凝聚力。契丹文字和西夏文字等，也都从汉字中吸取灵感。而在东亚汉字文化圈中，汉字促进中日、中韩文化的交流，更成为世界性的佳话。

当然，在漫长的历史岁月中，在晚清以来至今，中国文化的近代化、现代化进程中，汉字树也经历了时代的洗礼，对糟粕进行了扬弃，而使精华更加提升而愈显光辉。

四、“汉字树”创说的前瞻性

“汉字树”是进入新世纪的人类文化中的一颗常青的大树，而“汉字树”在学理上的创说，也凝结着巨大的智慧，富有前瞻性。

1962 年，选堂先生在巴黎用法文发表的《汉字与诗学》一文中，即宣示了这一前瞻性的思想。文章说：语言学在西方，目前几

乎居于其他学术的领导地位，汉语与文字由于处于游离状态之下，语言的重要性反不如文字。中国靠文字来统一，尽管方言繁多，而文字却是共同一致的。这显示中国文化是以文字为领导，中国是以文字→文学为文化主力，和西方以语言 = 文字→文学情形很不一样。这说明纯用语言学方法来处理分析中国文学，恐有扞格之处，尤其是诗学，困难更多。若轻易借用西方理论来衡量汉诗，有时不免有削足就履的毛病了[24]。

20 世纪中叶，西方语言学的进展，影响了多个人文学科的新潮，如欧美新学中的许多流行用语——“文本”、“语境（上下文）”、“关键词”、“诠释”等等，同时成为语言学、符号学、图像学、年鉴派“新史学”等各学科的新词。

但是，利用这些从西方直接搬过来的新词来观察中国人文学问，例如观察传统的中国诗学，就有时行得通，有时行不通。

选堂先生指出：世界古文明的语文形成程序都要经历过 pictogradh（即象形文字）的历程如苏美尔、埃兰、埃及、赫梯等古国，但为时不久，无不改用字母。饶先生说：“而汉字始终屹立不动，文字图形的用途更加深化，以至和艺术与文学结合，文字形态另行独立发展为一种书法艺术。”又说：“造成中华文化核心的是汉字，而且成为中国精神文明的旗帜。没有汉字就没有文学和艺术，尤其是书法艺术！汉字象形性没受到历史淘汰，必有它的特殊原因，其中道理值得我们去探索。好久以前，庞德（H. Pound）曾倡言汉文字象形与诗艺术的密切关系，我在《汉字与诗学》一文中有详细的讨论。”[25]既然中华文化的核心是汉字，而且成为中国精神文明的旗帜，既然由西方语言学的术语来解释中国人文学科难免有某些扞格之处，那么，在中国书学和中国诗学的宝库中，我们一定能找到一些用来分析人文学科的范畴和术语，例如气韵、假借、指事、象形、双声、叠韵、声律、和协、意在笔先、体势、虚实、巧拙等等。在发扬本土心智的同时，也对国际学术作出了新的贡献。

放眼新世纪的学术，我们不难看出若干新的趋向，只举两个例子：

——与 20 世纪名噪一时的“文明冲突论”相反，中华文化“和而不同”的伟大精神在当代世界文化发展中越来越深入人心。汉字树创说表现了中华文化在世界文明中的“和而不同”。

——正如刘东教授所说：这是一个“智慧创化虽远不敷用,理论生产却已过剩的年代——而且是各种历时产生的舶来理论共时性地压向本土心智的年代”[26]。与西方工业化时期以来机械论的旧范式对近代人文学术的影响不同，选堂先生所标帜的“中流自在心”，乃是在当代学术主流中发扬本土心智，以国际大视野追寻圆融无碍的超越性大智慧。

我要再一次引用《汉字树》的警句：“造成中华文化的核心是汉字，而且成为中国精神文明的旗帜。没有汉字就没有文学和艺术，尤其是书法艺术。”如前已述《汉字树》首先出版了日译本，可以视为另一个具有深意的隐喻。

在今天世界汉字文化圈中，日语曾大量吸收汉字，日本文字成为汉字（表意文字）与假名（表音文字）的融合，日本语和汉语属于不同的语言。汉语是孤立语；而日语是粘着语，靠助词与助动词的粘着来表达句中的意义。两者均有别于印欧语系词尾变化的屈折语。汉字早年传入日本后，已成为构成日文的不可分离的部分，而饶先生的汉字树的创说，对认识日文或日语亦很有启发，例如语言与汉字分离、书法艺术，都见于日本的汉字文化，而日本精美的书道艺术也对其他日本东方艺术样式产生了深远的影响。从汉字树观察，汉文字与日本文化，特别是日本汉字的因缘，与所谓文明冲突无缘，体现了"和而不同"的真精神。

从汉字树观察，我们看到了中国书法和日本书道的艺术精神，这种跨越了具象艺术与抽象艺术的人间奇迹，这种涵盖了民族文化精神和千差万别的个人风格的艺术品，这种影响到我们审美判断力的精灵，将作为伟大的人类文明而永存。

我们仰望着"得大自在"的《汉字树》一书，正是在这里，显示了饶宗颐二十一世纪文集的先声。

注　释：

① 李学勤：《文字起源研究的新视野》，见《重写学术史》，石家庄：河北教育出版社，2002 年。

② 饶宗颐：《序》，见李学勤《比较考古学随笔》，桂林：广西师范大学出版社，1997 年。

③ 饶宗颐：《符号·初文与字母——汉字树》，香港：商务印书馆(香港)有限公司，1998 年，第 83 页。

④ 同③，第 5 页。

⑤ 同③，第 24 页。

⑥ 同③，第 94 页。

⑦ 同③，第 186 页。

⑧ 吐鲁番学研究院段晴主编，李肖、侯世新副主编：《吐鲁番学新论》，《金币》图像，乌鲁木齐：新疆人民出版社，2006 年，卷首彩色图版，第 5 页。

⑨ 林英：《金钱之旅——从君士坦丁堡到长安》，北京：人民美术出版社，2004 年，第 3 页。

⑩ 同③，第 94～95 页。

⑪ 同③，第 158 页。

⑫ 同③，第 187 页。

⑬ 同③，第 152 页。

⑭ 同③，第 87 页。

⑮ 同③，第 167～168 页。

⑯ Hans F.Nissen(Free University of Berlin)：The Context of the Emergence of Writing in Mesopotamia and Iran. John Curtis Edited,Early Mesopotamia and Iran：Contact and Conflict. London：British Museum Press，1993.

⑰ 徐文堪：《吐火罗人起源研究》，北京：昆仑出版社，2005 年，第 235～245 页。

⑱ 林梅村：《西域文明：考古、民族 \ 语言和宗教新论》，北京：东方出版社，1995 年，第 133、156 页。

⑲ 耿世民：《维吾尔古代文献研究》，第 23 页。冯家异：《一九六 O 年吐鲁番新发现的古突厥文》，《文史》第 3 期，中华书局。周连宽：《丁零的人种语言及其与漠北诸族的关系》，见林干编《突厥与回纥历史论文选集》(1919—1981) 上册，北京：中华书局，1987年。

⑳ 同③，第 119～120 页

㉑ 饶宗颐编译：《近东开辟史诗》，台北：新文丰出版公司，1991 年。

㉒ 同注③，第 186 页。

㉓ 同③，第 186 页。

㉔ 饶宗颐：《汉字与诗学》，见《饶宗颐史学论著选》，上海：上海古籍出版社，1993 年，第 320 页。

㉕ 同③，第 174 页。

㉖ 刘东：《理论与心智》，《中国学术》，2001 年第 3 期(总第 7 辑)，北京：商务印书馆，2001 年。

饶宗颐先生治学方法刍议

饶芃子[①]

饶芃子教授近照

在汉学大师饶宗颐先生九十华诞之际，回顾饶先生70载治学从艺的辉煌成就，正如有的学者所言，先生的治学之路，是“经历了一个由本土传统学术到海外汉学再到新学旧知相融合的过程”[②]。先生的学术活动及研究范围几乎涉及国学的所有学科，其在敦煌学、古文字学、历史学、词学、目录学、考古学和比较文化等诸多研究领域的卓越成果，不仅为国际汉学界所关注，而且成为国际汉学领域的重要研究对象。在饶先生的学术世界里，东方与西方没有鸿沟，古代与现代没有裂缝，他的治学精神、治学道路、治学方法和丰富的学术成果，为后来的学人提供一种深致、沉潜的学术范式，这一范式的树立，对于今天和未来中国的学术均有十分重要的意义。

饶宗颐先生的学术建树，已成为当今国际汉学界的一个奇观和宝库。人们正在走近他，从各个方面去研究、认识和解读他。读先生的一些著作，参照学者们对先生学术成果和治学精神的探究，感受良多。下面，仅就先生的治学方法，谈几点自己的体会。

1. 重“国本”，汇通中外

饶先生在《殷贞卜人物通考序例》中，明确提出考史与研经合为一辙的看法。他认为，“史”是事实的原本，“经”是由事实中提炼出来的思想。中国文化的主体是经学，所以他对古史深怀一种难以言喻的敬意，认为研究国学，不能亵渎“国本”，要顺着中国文化的脉络讲清楚，要爱惜、敬惜“古义”。饶先生重视“国本”，又能汇通中外，是因为他的学术视野开阔，学术态度和方法是开放的，对不同文化不是持排斥，而是持互动认知的态度。他通晓六国语言，史识广博，不仅精通中国历史文化，也了解西方和东方其他一些国家的历史文化，能在中外文化的交会比照中，互动认知，不断发现、研究中国历史文化的新问题，从各个方面、不同层次拓展和突现中国历史文化的精神与特色。正是这种对中外历史文化的博大通识，使他能在许多学术的生荒地中种出自己丰硕的“果”，在历年的著述里，提出众多有原创性的命题和立论。关于饶先生学术上的原创成果，姜伯勤教授在《从学术渊源论饶宗颐的治学风格》[3]和胡晓明教授在《饶宗颐学记》中，均有详细的例证和立论。笔者仅以其中有关域外汉学传播的研究成果为例，以见证饶先生的博大史识和着人先鞭的原创力。如饶先生是首次编录新马华人碑刻、开海外金石学之先河的第一人，也是首次在日本东京出版《敦煌法书丛刊》的学者，在国际学界讲巴黎所藏甲骨的第一人，讲敦煌本《文选》、日本钞本《文选》五臣注的第一人，首次利用日本石刻证明中日书法交流非源之唐朝，首次据英伦敦煌卷子讲禅宗史上的摩诃衍入藏问题，是讲有关越南历史的《日南传》的第一人，辨明新加坡古地名以及翻译译名的第一人，利用中国文献补缅甸史的第一人。

以上这些成果，正好从一个方面体现了饶先生开阔的学术视野，他既注意中国历史文化和典籍在海外流传的各种形态的研究，又对其中国历史文化源头进行追索。比如他发表于1956年的《敦煌本老子想尔注校笺》，就是将伦敦所藏的反映早期天师道思想的千载秘籍，全文录出并作笺证，从而引发了欧洲学界对中国道教的研究。当中蕴含有饶先生独特的“互动认知”的认识论和方法论。饶先生的汇通中外，还常常表现在他以自己的中华文化之心，去感受世界各个国家不同文化的差异，在理解并尊重这种差异的同时，获得多个参照系，从而能脱离传统的某些成见，用一种外在的视角，反观“自己”，重新认识、诠释本国的一些民族文化现象。比如在他所写的《金字塔外——死与蜜糖》一文中，从埃及文化的代表作之一《死书》，引发对人的生死问题的思考：“要追问何处有神的提撕?什么才是这真正的秩序和至善?在人心的天平上，怎样取得死神最后的审判?”他还从波斯诗人把死看作“蜜糖”的比喻中，反思中国文化中的生死观，指出：“死在中国人心里没有很重要的地位，所以造成过于看重现实只顾眼前极端可怕的流弊。”[4]这种对于中国传统文化现象的新的反思和诠释，是饶先生感受某种文化差异之后，在中外文化相比照的语境中作出的。这在国学研究上是一种全新式的学术思路，有助于拓展人们对已有传统的新的认知，在时代的发展中不断延伸民族的文化思维。

2. 穿越学科门类的边界，汇通众学

饶先生的学术领域极其广阔，他的研究成果，涉及国学的各个领域，在研究范围、对象和方法上，突破了学科与门类的界限，原创力强，是许多学者公认的饶先生治学的一个显著的学术特点，胡晓明教授在《饶宗颐学记》中曾用很形象的语言来表述饶先生的这一特点：“饶宗颐学术特点即尚新尚奇，几乎是打一枪换一个地方，几乎是村村点火，处处炊烟。”还借《圣经》中的话说“叩门，就给你开门”[5]，说明其尚新尚奇而处处获胜。饶先生的“奇”和“胜”，是因为他有丰厚的学术积淀，学识渊博，能汇通众学，看到问题之所在，发现问题，从问题出发，“接”着前人的话说，提出自己新的看法。饶先生新近曾对《羊城晚报》记者表述自己做学问的方法：“学问要‘接’着做，而不是‘照’着做，接着便有所继承，照着仅沿袭而已。”[6]这个“接”字，是很需要人们好好消化的，这是学术研究方法论的核心问题。从饶先生七十载治学的轨迹看，他是从早年文献目录学开始，到词史、古文学、诸子之学，以及考古学、敦煌学，再扩大到地理学，宗教史、艺术史、海外汉学，乃及中外文化交流史等，直至在中西文化交融的视野中，旧识与新学相融合，创新说，立新论，由于他这条“路”是扎扎实实穿越各个学科、门类走出来的，而且环环相扣，彼此互动互促，每一阶段都有原创性的代表作问世，形成一个独特的多姿多彩的跨学科、门类的学术世界。在这个“世界”里，传统所认定的各学科、文类的“门”是开着的，并没有锁闭的边界，所以面对具体的学术问题，就有可能从不同角度、视界去投射，进行学术的交叉整合研究和综合的诠释。下面，举一个笔者曾亲身聆听的饶先生的学术报告为例：那是 1998 年 12 月，在澳门大学主办的“中华文化与澳门研究国际研讨会”上，饶先生在以《< 文选 > 学之萌芽——曹宪与李善》为题的学术报告中，对《文选》的李善本索源，从李善与曹宪的师生关系，两人都是扬州人，把李善本的《文选》和曹宪的《后汉书》研究联系起来，引出：第一，研究《文选》要注意扬州学派；第二，一部书显其重要，有多方面的原因：（1）地缘；（2）传统；（3）与其相关的学问（如“文选学”与“汉书学”的关系）。在这个学术报告中，饶先生还讲述了他是如何把敦煌学用于《文选》校注，并编出敦煌本与吐鲁番本《文选》，以及这一过程的新的学术发现，是有关治学方面经典性经验的总结。正如大家所知，这一研究成果是饶先生首创的。饶先生是一个“立根本”的学人，是 20 世纪国学研究的一大奇观。他的汇通众学，并非人人所能够做到，但他的从专攻到通识，突破学科界限的既定模式，不同学科相互投射综合诠释的研究方法对当代学人应有深刻的启示。北京大学著名教授季羡林先生曾撰文称：“饶宗颐教授是著名的历史学家、考古学家、文学家、经学家，又擅长书法、绘画，在中国台湾省、香港，以及英、法、日、美等国家，有极高的声誉和广泛的影响。”笔者曾有机会多次拜见季先生，季先生每次必谈饶先生在国际上的学术影响，并认为内地应重视饶先生著作的出版和推介，让内地学界和广大读者了解饶先生极高的学术造诣，以及他在世界的声誉和影响。

3. *文献与实物互动，新知与旧识交融*

“文、物互动”的实证研究方法，也是使饶宗颐先生的学术成果富有原创力的重要途径之一。饶先生说他治学程序是反复“磨”原典、原材料，如他对楚国出土文献的研究，前后达四十年之长。而他在 20 岁前作《顾炎武学案》，就学会“走路”做学问，通过实地考察，以文物实证采修正、填补文献记载的偏差、空白。这种“踏勘”的治学方法，使他能放开治学的眼界，做到“在纸上之文献到地下之文物之间，随时建立一种有机的生动的联系，使其学术生命常具生生不已的活力”⑦。关于饶先生的这一治学方法，胡晓明教授已有非常详细的阐释和论述。在这里，笔者只是就饶先生这一治学方法在学术上的启示意义谈一点体会，那就是：中国的当代学者应从饶先生的这种治学精神中获得教益，做到“沉潜静穆”，对学问有一份深厚的敬意。

饶宗颐先生是当今汉学界大师。钱仲联先生生前评价饶宗颐先生为九洲百世之“东洲鸿儒”，是世界公认的汉学家。近 20 多年来，随着世界性文化的转型，多元文化崛起，横向开拓、寻求参照成为这一时期文化发展的一个突出特点。在这种新的文化形势下，东西方、特别是中西方文化交往日益增多，中国学者对中国历史文化的研究有了新的思考。当中有两点是比较明晰的：一是认识到中国文化源远流长，有自己独特的阐释体系，在研究中应特别重视挖掘和发展本民族的这种文化属性，并将其推向世界；二是认识到文化不是封闭的个体，而是不断变化发展的，研究本国文学不应只局限于本民族的文化视野内，而应扩展到与其他文化的“对话”之中。正是着眼于此，近几年来，许多学者都十分重视对中国传统文化的研究，希望回返自身文化源头寻求资源，发现、认识自身文化的特点和优势，如中国独特的思维形式、言说方式等，并将其推向世界，成为新的世界多元文化景观的一元。读饶先生的著作，感受饶先生开放的学术视野和方法，我认为，饶先生以他所走的道路和在世界汉学研究上卓越的建树，已为我们眼前的探索提供了一种典范，一个光辉的榜样，一条把国学推向世界的充满阳光的学术道路。

注　释：

① 原暨南大学副校长、教授。

② 胡晓明：《饶宗颐学记》，第 27 页。

③ 姜伯勤：《从学术渊源论饶宗颐的治学风格》，《国际潮》1994.6。

④ 饶宗颐：《饶宗颐二十世纪学术文集》，卷十四第 20 册《选堂散文集》，台北：新文丰出版公司，第 201～203 页。

⑤ 胡晓明：《饶宗颐学记》，第 4 页。

⑥《饶宗颐：大隐于市一鸿儒》，《羊城晚报》，2006 年 12 月 11 日。

⑦ 胡晓明：《饶宗颐学记》，第 48 页。

选堂先生“三重证据法”浅析

曾宪通[①]

曾宪通教授近照

1982年5月，“香港夏文化探讨会”在香港中文大学中国文化研究所举行。选堂先生在探讨会开幕式的致词中谈到有关研究夏文化的材料和方法问题时首次提出用“三重证据法”来研究夏文化。其时笔者正在香港中文大学中国文化研究所做访问学者，追随选堂先生从事楚地出土文献的研究工作。会后，郑德坤所长命笔者协助林寿晋先生草拟这次夏文化探讨会的新闻稿，在港报上作了简要的报道。所以，笔者是选堂先生首倡“三重证据法”当时在座的聆听者之一，故想借此机会对选堂先生的“三重证据法”作些回顾和诠释，以供研究者参考。

一、“三重证据法”的提出

选堂先生在致词中首先谈到，“夏礼”的问题，他认为，目前要细谈夏文化尚嫌太早。所谓夏文化，从广义说，可从文献记载上的夏礼，结合出土资料加以探讨，并从天干命名和丧礼立主二事来考察殷人如何因袭夏礼的迹象。接着他把话锋一转便转到“三重证据法”方面来。他说：

“我想借此机会说一说研究夏文化的材料和方法的问题。现在大家都把注意力集中在田野考古中探索夏文化的遗存，这无疑是十分重要的。夏文化的研究能否出现决定性的突破，有赖于这方面的努力。

但是就夏文化的整体而言，地下遗存毕竟有它的局限性，而且遗存也不一定有文字标志足以表明文化的内涵；所以，我们还得把考古遗存同传世文献结合起来进行考察和研究。尽管古籍中关于夏代的材料不多，但是许多零星的记载，却往往透露着夏代社会的资讯，有待我们进一步去发掘。

值得特别提出的是甲骨文。在甲骨文中有许多关于商代先公先王的记载，在时间上应该属于夏代的范畴，可看作是商人对于夏代情况的实录，比起一般传世文献来要可靠和重要得多。我们必须而且可以从甲骨文中揭示夏代文化的某些内容。这是探索夏代文化的一项有意义的工作。

“总之，我认为探索夏文化，必须将田野考古、文献记载和甲骨文的研究三方面结合起来，即用‘三重证据法’（比王国维的‘二重证据法’多了一种甲骨文）进行研究，互相抉发和证明。倘能在这方面做出成绩，那么，我们对于夏代情况的了解，将会更加具体而全面。那时来讨论夏文化的有关问题，就可说是‘适时’了。我们期待着这一天早日到来。”

众所周知，自从王国维在20世纪初提出以“地下之新材料”印证“纸上之材料”（指古书记载）的“二重证据法”[②]以来，学术界通过对大量新出土文献的研究，已经出现了同以往大不相同的局面。学者们对新的研究方法有重新加以总结并进一步升华为新理论的必要。选堂先生一向注重材料与方法的统一，认为它是解决一切学问的关键。就甲骨文而言，先生认为甲骨文的材料问题已经解决，各种著录已相当完备，学者可省去翻检之劳。但方法上却面临着一个更新的问题。他指出：“我们常常会受到习惯性思维的影响而互相效仿，习焉不察，跳不出旧日的圈子，这样长此以往是没有前途的。”所以他极力主张“必须打破旧框框，从新的角度去观察思考问题”。上面提到的“三重证据法”就是先生从新的角度去观察和思考问题的具体体现。应该指出的是，上述对“三重证据法”的说明中提到的“比王国维的‘二重证据法’多了一种甲骨文”，是特指“夏文化”研究的，对一般方法论而言，尤其是对殷商文化研究来说，王国维的“地下之新材料”当然也包括甲骨文在内的。“三重证据法”的创新之点，是把有文字的出土新材料同没有文字的考古材料区隔开来，且特别强调“有文字材料”的重要性。这不但同当前大量涌现的出土文献的客观现实相符合，而且对于古史的研究，尤其是对于出土文献的研究在方法上将更趋缜密和科学，同时也有利于广大研究者更加自觉地加以应用。先生强调，面对地下层出不穷的出土文物，我们必须时时注意方法的更新和角度的变换，才能在前人研究的基础上不断前进。先生高瞻远瞩发自内心的呼吁，应该成为当前学界的共识。

二、“三重证据法”的发展

2003年，选堂先生在《饶宗颐二十世纪学术文集》卷一“史溯”的开篇《论古史的重建》中，对其“三重证据法”有进一步的申述。他说：

“余所以提倡三重史料，较王静安增加一种者，因文物的器物本身，与文物之文字记录，宜分别处理；而出土物品之文字记录，其为直接史料，价值更高，尤应强调它的重要性。”

先生进而提出今后必须采取的工作途径：

“（一）尽量运用出土文物上的文字记录，作为我们所说的三重证据的主要依据；

（二）充分利用各地区新出土的文物，详细考察其历史背景，做深入的探究；

（三）在可能范围下，使用同时代的其他古国的同时期事物进行比较研究，经过互相比勘之后，取得同样事物在不同空间的一种新的认识与理解。”

选堂先生认为，出土文物如果没有文献作为媒介说明的根据，直接报道，只有考古学上的数据。这与当时的人地关系无法取得某历史事件的联系与说明。仅有“物”的意义，没有“史”的实证。他深有感触地说：“须知，地下层出不穷，浪翻鲸掣似的出现古物，正要求我们必须更加审慎地、冷静地去借重它们，以比勘古书上的种种记录，归纳出符合古书记载原意的合理解释，而寻绎出有规律的历史条理来。”这才是可靠可信的史学方法。

先生又在《谈三重证据法》的“补记”中再次强调出土文字资料的重要性，他说：

“我所以强调甲骨文应列为‘一重’证据，由于它是殷代的直接而最可靠的记录，虽然它也是地下资料，但和其他器物只是实物而无文字，没有历史记录是不能同样看待的，它和纸上文献是有同等的史料价值，而且是更为直接的记载，而非间接的论述，所以应该给以一个适当的地位。”

1992年，杨向奎先生在他所著的《宗周社会与礼乐文明》一书中也有“古史三重证”的讲法，杨氏认为：“民族学的材料，更可以补文献、考古之不足，所以古史研究中的三重证，代替了过去的双重证。”[③]针对杨氏这一见解，饶先生指出：民族学的材料只可帮助说明问题，从比较推理取得一种相关的理解，但不是直接记录的正面证据，只可作为“辅助资料”，而不是直接史料。选堂先生又指出：“民族学的材料，和我所采用的异邦之同时、同例的古史材料，同样地作为帮助说明则可，欲作为正式证据，恐尚有讨论之余地。如果必要加入民族学材料，我的意见宜再增入异邦的古史资料，如是则成为五重证了。”

值得注意的是，饶先生在这里提出了古史的“五重证”，包括直接证据和间接证据两个层面。直接证据分实物与文献两大类，实物指地下出土的器物和遗迹，文献指出土的古文字资料和传世的古代典籍。这些都是直接的史料，而出土的古文字资料则是当时人的文字实录，具有更高的史料价值。饶先生最初提出的“二重证据”指的就是这种直接证据。间接证据包括杨向奎先生提出的民族学材料和饶先生自己补充的异邦古史资料在内，由于这些不是直接的史料记录而是间接的论述，只能从比较推理中求得相应的理解，帮助说明问题，故只可作为辅助资料，而不能作为正式的证据。由此可见，选堂先生实际上是主张以“三重证据法”为主，但并不以“三重证据法”为限，必要时还可以采用其他的间接证据。所以，将这“五重证”称之为“多重证据法”亦未尝不可，只不过这多重证据中存在主次之分而已。换言之，饶先生并不排除将民族学材料作为研究古史的证据，只不过将它同当时实录的古文字资料相比较，两者确有直接与间接之别罢了。因此，我们今天进行古史和出土文献的研究，必须充分利用新出的古文字资料，在王国维“二重证据法”的基础上加以拓展，用明晰的、具体的 “多重证据法”代替相对笼统的“二重证据法”。它包括直接证据的考古实物，出土文献，传世典籍和间接证据的民族、民俗史材料，异邦的同时、同类资料在内，综合地加以运用，才能在新的条件下把古史和出土文献的研究推向一个新的阶段。在这里，选堂先生着力倡导的“三重证据法”中的“三”字，我们可以这样理解：一是实数的“三”，指的就是上述三种直接的证据；另一是虚数的“三”，即指多数，包括直接证据和间接证据在内的多重证据。这便是迄今为止对古史和古文献（含古文字）研究在材料和方法论上最新和最全面的概括和论述，是一项具有时代标志的重大创举。

三、“三重证据法”的应用举例

选堂先生“三重证据法”的核心，是将地下发现的文字资料同其他的遗址、遗物加以区分，而出土文字资料中他特别强调利用甲骨文研究夏代和商代的历史和文化，故本文关于“三重证据法”应用的实例，仅限于举列选堂先生近期运用甲骨文、牙璋和古籍记载探讨夏商文化的若干个案，以见“三重证据法”应用之一斑。

（一）从甲骨文考察夏代的礼制

选堂先生曾经指出，“礼”是贯穿中国历史的大动脉，研究各个时期的历史文化都应该把对“礼”和“礼制”的研究作为一个重点。中国最早的夏礼，可以从天干命名和丧礼设“重”中见其端倪。

关于天干命名，先生认为夏末诸帝帝号有胤甲、孔甲和履癸。诸帝号皆在天干上加以美名，这和殷王的戋甲、阳甲、沃甲等完全一样，可以看出商人在王号制上是有因循夏代的迹象。至于命名的天干是不是忌日的庙号，先生根据《合集》1106 这条有关立庙主号为“帝”的诹日卜辞，起初有丁、乙、辛三日的选择，最后才定在丁日，由此判明庙号出于忌辰之说是站不住脚的；并从帝辛、武庚不可能有庙号推论殷代先公先王的示癸亦当是生称，不可能是后人根据他的忌日所立的庙号。所以，一般甲骨学者根据谯周言“死者庙主曰甲”而把所有殷代先王的甲乙名称都说成是忌日的庙号是不足信的。至于 “重” 上悬铭旌记死者之名，何以书生日之甲、乙而不书子、丑?《白虎通》卷八《姓名》云：“不以子丑何?曰：甲乙者，干也：子丑者，枝也；干为本，本质，故以甲乙为名也。”可见班固以为殷人尚质故以天干为名。对此，选堂先生却有独到的见解，他说：“我疑心殷人姓子氏，对‘子’有所忌讳，故不以十二辰为名而全用十干。只有高祖亥一名见于卜辞。亥还是夏时人，乃用地支最末之亥为号。卜辞亥亦作𩵦，观堂谓亥乃正字；

若然，则夏世殷商的先人命名，亦曾一度杂用十二辰，后来乃统一改用大干，以上甲微为始。这是一项重要的礼制。”

至于丧礼立主的制度则是在“措之庙立之主”之前，先立一根木头，相当于铭旌的杠。这根木就叫做“重”，置重于中庭，把死者的名字写在铭旌上。“重”是未有木主以前代替神主的东西，在晋代称为衰门，王肃《丧服要记》云：“鲁哀公曰：‘衰门起于禹。’”（《御览》引）可见“重”是夏世丧礼的用物，原是夏制，殷人因之，并缀木主于其上，即所谓“殷主缀重”，至周人才撤去之。人但知立庙主，而不知立庙之前尚有代主之“重”，其作用与主同。这是一种临时的主，其源也出于夏礼。

夏代是迄今为止仍未发现文字的朝代，选堂先生利用甲骨卜辞的材料同古书的记载互相抉发，证明殷人的天干命名与丧礼立重与主，均来源于夏的礼制。

（二）据卜辞研究商殷之地域

卜辞水名只有河、洛而不见江、汉。过去因囿于旧说，一直将商殷地域范围局限于大河南北。自从20世纪80年代在四川发现三星堆遗址，90年代在长江三峡开展大规模考古工作以来，对于商代巴、蜀文化的面貌及其受到商文化影响的程度，已经越来越清楚地呈现出来。

在这个大背景下，选堂先生敏感地把研究聚焦到西南历史地理和文化方面来，他十分注意从甲骨文本身去归纳材料，然后从先秦典籍中寻找出与甲骨文所记载内容有承接关系的例证，加以比较和论证，为窥探殷商地域的历史真相，做了一系列饶有意义的工作。

1. 力证先蜀之𢀛方为邛方，乃古时江源之强国。

甲骨文的𢀛方常作工下从口等多种异体，唐兰首释为邛，即邛笮之邛，其地略当四川之邛县。[4]陈梦家据《说文》以为邛在济阴。[5]金正耀从青铜器含铅的同位素证明卜辞之𢀛方应是邛笮之邛，支持唐说之可信。选堂先生力证卜辞中双钩之“吕”即江之省。《合集》20615片云：“丁巳，吕方水。”先生指出，双钩之吕即带口之𢀛的复笔，此片字特大，所以彰示其事，殆记𢀛方大水泛滥。《说文》：“江，水。出蜀湔氐徼外婚（汶）山入海。”卜辞有汎洛、淮，双钩之吕即江之省。江水古亦称泜水，《史记·武帝纪》“青阳降居江水”，《帝系》作泜水，泜水必冈氐人所居而得名。江（泜）水出蜀郡氐道县，蛮夷所居曰道，是汶山江源古为氐人区域，殷代称之为𢀛方。据卜辞，𢀛方是对殷王朝威胁最大之方国，论者以其地在河南、山西、河套说之，均缺乏根据。今知工应在江源，当为蜀地山邛竹杖之邛。邛方以江源而得名，在氐道县。汉之江源县，王莽复古改名曰邛源，盖溯其源流出于邛方。益信邛方为蜀地岷江上游的一大部族，其为殷西部之劲敝，可以无疑矣。先生又从邛方的线索入手，对卜辞中的蜀、啚土人、氐、危方、兴方、瞿方等陇蜀地名做了大量的文献资料对勘，并与邛方有征伐关系的对象，如丰、微、北唐、㲋、戈诸地，通过同版卜辞，特别是同条卜辞的上下文关系，均可找到其内证。殷代舌方辖境虽不可确知，然大体上必沿安宁河流域自西昌以北至今之越西、雅安、邛崃诸地属之。汉代邛人之居，或即其旧疆，故至汉末犹保存“邛谷”一名。

2. 发现卜辞之“洋”即漾水，乃汉水之源。

武丁卜辞有残辞“于洋不”等若干条，“于”下之“洋”可判明其为水名，实即漾水。其中一条与“舌方”同见于一片。考《禹贡》有“嶓冢导漾，东流为汉”的记载，可见漾为汉水之源。《水经》云：“汉水出陇西氐道县嶓冢山，东至武都沮县为汉水。”郦注引阚骃云：“汉或为漾。”又云：“漾水出豲道，东至武都入汉。”汉水流域出土有蜀戈、若戳、戳等兵器，说明与蜀关系十分密切。有一辞与“舌方”同见一片者，足见舌地必属蜀境无疑。

3. 从卜辞中发现作双钩形的“㠯”及“帝江”，“帝江”乃江水之神。

如上所述，选堂先生力证卜辞中作双钩形的“㠯”为“江”字之省，“江”指江水，江源则是“邛方”得名的由来。先生又于卜辞中两见“辛亥卜，帝江壱?”之辞。其中“江”字上部原作四点之水，下从带口之舌。江乃水名，带水之“工”与双钩之“工”有异曲同“工”之妙。江水之江，指江水所经之地，作为方名，殷人又称为舌方，后称邛方：江水之神则称为“帝江”。考江神之史实，可追溯到殷代。神之高者可称帝。《山海经·西山经》有神曰“帝江”。根据选堂先生的归纳，帝江具有如下三个特征：

（1）与神耆童为邻；

（2）所在为日山的汤谷；

（3）是一团混沌无面目的红色火。

这是有关江神的神话，其中“耆童”即楚简习见之楚先老童，老童、祝融于楚国祭祷简中每每同时出现。此条言帝江与祝融之先代老童相毗邻。是知帝江之所居即祝融降居之江水，故“帝江”之“江”在这里特指江水是合乎情理的。帝江既是江水之神，即指四渎之江水，说明殷人占卜是否降患于帝江是可以成立的。选堂先生力主“舌方”即四川江源之邛方，继之又发现汉水之源的“漾水”及江水之神为“帝江”，欣喜之情溢于言表，他说：“殷卜辞‘工方’，历史所未载，极可宝贵。唯‘帝江’见于《西山经》，今得卜辞证其确为殷代之神名。在殷地理的零星资料中发现‘江水’，其重要性不亚于在先公行列中觅得王亥，其快慰为何如耶?”

（三）从牙璋分布印证《淮南子》所称之商人疆土

出土牙璋存在各种不同的形态。过去由于对文献记载未能真正理解，学术界对其定名尚未最后确定。据《御览》引《吕氏春秋》称“成功用璋”，似与告成功之用有关。选堂先生据《山海经·南山经》有用璋祭山之礼的记载，以为牙璋的外形类似以掌擘山的工具，可能古人认为牙璋具有这种“开山”的作用。先生于1991年在越南出席远东学院90周年的庆典，在会上介绍国内外有关牙璋的出土情况；1994 年在香港中文大学举行“牙璋研讨会”，又以彩陶和牙璋为焦点，对牙璋的研究是一次有力的推动。

选堂先生认为，过去因受到顾颉刚先生《古史中地域的扩张》一文的影响，认为时代愈后，历史传说对地域的知识愈加扩大。误以为《尧典》“宅南交”一类的记载，是出于汉人的观念。因而把三代的地域尽量缩小，谈及殷代的地理，也只局限于大河南北。幸而多年以来考古事业的发展，令人们的看法完全改观。例如，三星堆文化面世后，我们对巴蜀文化有了新的认识，将这一新的认识结合到甲骨文研究中就会发现，卜辞中旧时被误认为在北方的一些部族，如今看来应该是在巴蜀秦陇地区，而旧时以为位于商朝中心的田猎区，有一些很可能是在河渭流域。目前发现的商代遗址，据彭邦炯初步统计，已达 181 个县市，其分布东至辽宁、内蒙古，西及四川，南极湘赣。[⑤] 如果再从发现牙璋的地点观察，则东濒黄海，南至交州及闽粤海隅，均可见到牙璋传播的足迹。我们将三星堆和越南出土的牙璋与偃师二里头带有成排的钮牙对比，便不难发现，同一类型的牙璋不但远播西南地区，其足迹远至越南。可见《淮南子·泰族训》所称商人疆土“左东海，右流沙，前交趾，后幽都”完全符合事实。

注　释：

① 中山大学教授。

② 王国维：《古史新证》，《国学月报》第二卷，第 8、9、10 号合刊 “王静安先生专号”，北京：述学社出版社，1927 年 10 月 31 日，《王静安先生遗著》第 365～399 页。《古史新证——王国维最后的讲义》，北京：清华大学出版社，1994 年，第 2～3 页。

③ 杨向奎：《宗周社会与礼乐文明·序言》，北京：人民出版社，1992 年。

④ 唐　兰：《天壤阁甲骨文存考释》，北京：辅仁大学出版社，1939 年，第 53～54 页。

⑤ 陈梦家：《殷虚卜辞综述》，北京：科学出版社，1956 年，第 273～274 页。

⑥ 彭邦炯：《商史探微》，四川：重庆出版社，1988 年，第 180 页。

参考文献

饶宗颐:《谈“十干”与“立主”》，香港《文汇报》，1982 年 5 月 11 日，见《饶宗颐史学论著选》，上海：上海古籍出版社，1993 年，第 7～23 页。

《甲骨文研究断想》,《史学集刊》，1996 年第 3 期;《饶宗颐二十世纪学术文集》卷二，台北：新文丰出版公司，2003 年，第 1844～1848 页。

《论古史的重建》，《饶宗颐二十世纪学术文集》卷一，第 7～11 页。

《谈三重证据法》，《饶宗颐二十世纪学术文集》卷一，第 12～18 页。

《由牙璋分布论古史地域扩张问题》，《饶宗颐二十世纪学术文集》卷一，第 310～314 页。

《甲骨文地名与方国》，饶宗颐主编，沈建华编辑：《甲骨文通检》第二册《地名》“前言”，香港中文大学出版社，1994年，第 17～18 页。《饶宗颐二十世纪学术文集》卷二，第 1459～1496 页。

《卜辞“滓”即漾水、汉水说》，《饶宗颐二十世纪学术文集》卷二，第 1589～1593 页。

《古史重建与地域扩张问题》，《九州》第二辑，商务印书馆，2001 年。沈建华编《饶宗颐新出土文献论证》，上海：上海古籍出版社，2005 年，第 67～76 页。

《殷代地理疑义举例》，《九州》第三辑，商务印书馆，2001 年。沈建华编《饶宗颐新出土文献论证》，第 77～94 页。

《殷代的“西戊（越）”》，沈建华编《饶宗颐新出土文献论证》，2005 年，第 130～132 页。

饶宗颐：大隐于市一鸿儒

樊克宁 邓 琼[①]

樊克宁（左一）、邓琼（右一）与饶教授在香港会展中心

一、生于潮州的“国宝级”学术巨人

饶宗颐——对这个名字陌生的，恐怕不仅仅是老百姓。

他是谁？学界有“北钱南饶”、“北季南饶”之说，他是一位生于潮州的“国宝级”学术巨人。

北京大学季羡林教授说：“近年来，国内出现各式各样的大师，而我季羡林心目中的大师就是饶宗颐。”

饶宗颐先生为广东潮州人，长期定居香港，2006 年是他 90 寿辰。

从 2006 年年初起，各项庆贺饶先生九十华诞的活动如展览、学术研究活动陆续展开。而由香港九大高校联手合办的 “学艺兼修·汉学大师——饶宗颐教授九十华诞国际学术研讨会”将于 12 月中旬举行。香港所有高校联合为一位国宝级和世界级的学术巨人贺寿，如此盛举在历史上为首次，由此亦可知饶先生在中国学界以及在世界汉学界的崇高位置。

在饶先生的家乡潮州，亦准备了隆重的贺寿庆典，最大的礼品是新落成的饶宗颐学术馆，饶先生将于 12 月中旬香港学术界的纪念活动完成之后，前往家乡参加学术馆揭幕礼。

1. 九州百世，东洲鸿儒

季羡林说："饶宗颐先生是著名的历史学家、考古学家、文学家、经学家，又擅长书法、绘画，在中国台湾、香港，以及英、法、日、美等国家，有极高的声誉和广泛的影响。"

清华大学李学勤教授说："饶宗颐先生治学，与世俗迥然不同。数十年间，著述逾千万字，于学术文化，中西古今，无不会融通贯，得其窍要，及前沿之地位，开风气之先声，为海内外同知共仰。2003 年辑成出版的《饶宗颐二十世纪学术论文集》，煌煌二十巨册，非一般学人所能意想。"

苏州大学钱仲联教授生前评价饶宗颐先生为九州百世之"东洲鸿儒"，赞扬他是"并世之容甫(汪中，清代哲学家、文学家、史学家)与观堂(王国维)也"。

对饶宗颐先生作出上述评价的，都是中国学术界各领域的权威人物，还有更多来自学术界. 以及文学、艺术界的评价不能一一介绍。

2. 15 岁时续修《潮州艺文志》，90 岁高龄仍坚持研究

在中国内地，有北钱(钟书)南饶，或北季(羡林)南饶的说法。季羡林先生曾对饶先生一生的学术成就有过一篇介绍性文章，称饶宗颐先生在中国文、史、哲和艺术界，以至在世界汉学界都是一个极高的标尺。他的《饶宗颐二十世纪学术文集》，几乎涵盖国学研究所有领域，被学界誉为 20 世纪国学研究的一座丰碑，走出一条国学研究的新路子。

饶先生名 "宗颐"，父亲饶锷为他取这名字，是要他师法北宋五子之首周敦颐。饶宗颐出生于广东省潮安县大富之家，早年家有藏书楼 "天啸楼"，藏书以 10 万计，这使他从小在诗书画的环境中受到父亲和名师的教导。他 5 岁读古典小说，从名师习书法；7 岁写《后封神》；8 岁读《通鉴纲目》；9 岁学经史佛典；11 岁学绘画……20 岁前，已把香港新垦书局出的新书全部读完。饶氏族人津津乐道于他 6 岁时的一件逸事：当年家乡一位文坛耆宿以城内特产"姑苏香腐"出谜，求唐诗一句，他当即答以"吴宫花草埋幽径"，语惊四座，传为佳话。

饶先生 15 岁时继承父亲遗志，续修《潮州艺文志》，直到 2005 年，由他任总纂的《潮州志》重新编印刊行，历时 75 年。

据香港大学饶宗颐学术馆郑炜明博士介绍，饶先生至今著作约 70 余种，论文超过五百篇。近十余年来，内地也开始出版他的著作，如《饶宗颐史学论著选》、《老子想尔注校证》、《梵学集》、《符号·初文与字母——汉字树》等。

九十高龄的饶先生现在每天都写字、画画。他又选定了两个系列的重大选题，一个是《敦煌吐鲁番研究》，一个是《补资治通鉴研究》，并邀集海内外学者合力攻关，最后由饶先生统筹定稿。现在两个系列已有 20 本专著在台湾出版，内地也同时出版了一部分。

3. 师承学术巨子治学强调首创

饶宗颐先生以中学肄业的学历走上学术道路。关于学术成就，他说："我的学问首先是受了沈寐叟先生的影响。"

中山大学姜伯勤教授说，沈曾植（寐叟）先生是晚清一位百科全书式的学术巨子，是清末民初同国际学术界进行了对话的少数先驱人物，对中国学术界产生过重要影响，"他影响了从王国维直至饶宗颐先生等不止一代的学者"。

还有两个人对他的一生产生过重要影响，一个是清儒孙诒让，另一个是顾炎武。

饶宗颐的治学特点是喜欢提出新问题、新看法。在敦煌学、甲骨学、词学、史学、目录学、楚辞学、考古学和金石学，以及在宗教史、艺术史、文学、梵学等领域的许多学术课题上都表现了首创精神。

饶先生是这样表述自己做学问的方法的："学问要'接'着做，而不是'照'着做，接着便有所继承，照着仅是沿袭而已。"

饶宗颐先生的治学背景，有两个显著特点：一是作为一个中国学者，能够在一生最能出成果的30年里（20世纪50年代至70年代），在法、美、英等国际汉学界大环境中，接触到早年流失海外的典籍孤本，并到印度等地作实地考察，从而得以多角度地研究中华文化的博大精深；二是由于始终把根扎在香港，使他可以近距离了解内地考古新发现、学术研究新成果和文化新思潮，文化的血脉没有割断。

二、饶宗颐，2006年12月13日香港主角

2006年12月13日，香港的主角是一位九秩学者。全国人大常委会副委员长许嘉璐、香港特区行政长官曾荫权、中央政府驻港联络办公室主任高祀仁、华人首富李嘉诚、学界名流、知名作家……全都甘当陪衬——在国际汉学大师饶宗颐先生九十华诞之际，舞台灯光为他而聚焦。

所有孤灯独坐、皓首穷经的日子都退隐到幕后，他与等身著作相伴而来，走到盛宴中央，拱手一揖，对众人说："无量感恩！"

1. 九所高校首次联手

因为他，来自国际汉学界的权威——汪德迈（法国）、白春晖（印度）、柳存仁（澳洲）……来自内地和香港国学界的百余英才，到此全都只有同一个身份：后辈晚学。

因为他，香港九所高校首次联手行动，共同为这位国际汉学大师所涉及的古文字学、上古文献、考古学与上古史、文化交流史、敦煌学、历史学、潮学、宗教、艺术、古典文学等学术领域，召集海内外学者展开学术探讨和交流。

2. 学问之深，古今一人

同时身为著名语言学家的许嘉璐说：“中华文化什么样子？就饶公这样！饶公是中华传统文化呈现于20世纪的最好典型。我可以说：50年之内，不会再出第二个饶宗颐！”

香港特首曾荫权说：国学大师饶宗颐以旷世之才，文通六国，学富五车，堪为一代鸿儒。

文化部副部长郑欣淼说：“饶公继承了我们传统文化最精致典雅的一部分。他研究之广、学问之深，古今一人而已。”

香港大学校长徐立之说：“今天出席盛会的都是重要领导和社会贤达，显示了大家对饶教授的爱戴和敬重，以及对文化创造者的推崇。饶先生到九十华龄还保持赤子之心，不断求知、创新，这也是我们心目中的大学之道。”

著名武侠小说作家梁羽生说：“我83岁了，从澳大利亚赶来祝寿。我与饶公相识多年，抗战时期都避难在广西蒙山，我跟他学了几个月小学（即古文字音韵、训诂之学），在诗词方面等受益良多，后来我的武侠小说里写些诗词还是从他那里汲取了养分。”

82岁的法国汉学家汪德迈说：“40多年前，我就成为饶先生的学生。饶先生不但对中国文化的各个方面熟悉，兴趣还延伸到西方各国文化。很多法国汉学学者正是因为他，引发了对中国古代文化的广博兴趣，特别是在敦煌学方面。我希望还能来参加他的百岁寿辰庆典，祝他健康。”

三、饶宗颐与流失海外的中国文物

2006年12月13日开始，香港九大高校联手为国际汉学大师饶宗颐先生庆贺九十寿诞。盛会当前，人们不禁感叹饶先生不平凡的海外治学经历。尤其是从20世纪50年代起，他在法、英、美、日等国，接触到了大量从中国流失于海外的遗文、书画、金石、甲骨文，其中包括一百年前经王道士、斯坦因、伯希和等人之手，从敦煌藏经洞流失的文物。他紧紧抓住得来不易的机会，以常人难以想象的坚持，在一纸一页、一甲（甲骨文）一石（金石）中开拓出了汉学研究的全新天地.

1. 在法国敦煌遗书中发现张天师，掀起汉学界的道教狂热

1956年，饶宗颐先生赴巴黎出席第九届国际汉学会议，开始接触流失海外的中国文物。海外文物数量庞大，要从中发现最具学术价值的文书，既要有深厚的学养，还要独具慧眼。他在斯坦因掠走的敦煌遗书中一件件翻阅，发现了敦煌千佛洞的旧藏卷子《想尔注》。《想尔注》为道教宝典，当时被认为已经失传。由于这一发现，饶先生于当年发表了他的第一部敦煌学著作《敦煌本老子想尔注校笺》，全文录出了这部反映早期张天师道教思想的千载秘籍。同时，饶先生还论证了《想尔注》为张天师所作，为道教原始思想的探源贡献了重要观点。此后饶先生还利用新出土的马王堆帛书材料，作《四论想尔注》，使学说更为坚实。

《老子想尔注校笺》的出版，引起了欧洲人对道教研究的兴趣，后来发展为汉学界的道教狂热。这本书成为法国巴黎大学东方学院道教史研究班的教材。

在唐代，吐蕃曾发生过一场中国僧人与婆罗门僧人关于佛教教义的辩论，但是汉文史籍中没有关于这场辩论的记载。饶先生在敦煌遗书中发现，唐人王锡撰写的《顿悟大乘政理决》记述了这场辩论。这篇记叙有两个写本，饶先生将两个写本作了校勘，撰写了两篇论文，证实了事件的历史真实性。同时，还根据写本传递的信息，论定了吐蕃占领敦煌的年代。

2. 在英国私人手购得一套胶卷，从6000余件微缩胶卷中梳理珍贵秘籍

1957年，伦敦公开出售斯坦因所获敦煌写本6000余件微缩胶卷，饶宗颐先生购得一份。以私人身份购得这套胶卷，他是唯一的一个。他从中梳理出许多珍贵秘籍，如迄今所知仅有一件写本的《文心雕龙》。他还通过敦煌遗书对书、画、佛教史进行了多方面的研究。

学者荣新江先生认为，许多研究敦煌画的人，往往只注意壁画和绢画，可是饶先生除此之外还将分散在写卷中的白描、粉本、画稿等重要研究材料辑出。《敦煌白画》对中国画史的论述贡献良多。

3. 慧眼独具发掘整理《敦煌曲》

1964年和1974年，饶先生两度逗留巴黎，遍览伯希和携走敦煌藏经洞宝藏，从中选出152件书法精品，辑成共29册的《敦煌书法丛刊》，由日本二玄社照原大影印。在每册解说中，饶先生不仅揭示出敦煌书法的艺术价值，而且对所收每件文献，均有考证，获得许多新的发现。

对于《敦煌书法丛刊》的价值，学者周绍良先生认为，可入妙品以上者，“奚止二三百品”，且不亚于同时期的书法大家。他举例说，如《众经别录》的书法，“后世的赵孟頫未必能抗手”；王老子写的《尚书》残卷，“笔若悬针，刚劲固不下于柳公权”；《汉书·王莽传》写本，“书法整饬遒丽，可与虞世南书法颉颃”；《春秋谷梁传集解》写本，“也可与褚遂良比美”。

饶先生早年养成了深厚的词学功底，且善古琴，通乐理，故而一见流失海外的敦煌音乐遗文，就如获至宝。这是1965年冬至1966年秋，饶宗颐先生在法国巴黎科学研究中心开展研究工作，有机会看到了收藏于法国巴黎国立图书馆和伦敦大英博物馆的大量敦煌遗文，其中包括敦煌曲子歌词和曲谱。

他依照敦煌卷子字体的原样，以毛笔撰写研究文章，又在每个字旁，附注上现代通行的字体，以方便他人阅读辨认，这就是学者杨联升所说的“研究中国文学同乐舞的人，都应该细读”的《敦煌曲》。

饶先生在《敦煌曲》中，全面研究了敦煌曲子词，以及敦煌曲与乐舞及龟兹乐的关系。书中还精印出一大批当时内地学者无缘

得见的敦煌曲子词原件图版，是文学史上罕见的材料。后人对敦煌曲的研究都基于《敦煌曲》，而饶先生本人在这个方向的研究，迄今不辍。此后，饶先生又多次以专著论述敦煌琵琶谱，论证了敦煌曲谱不是工尺谱，而是琵琶曲谱，并论证了它不是一套完整的大曲谱，这些对中国音乐史都具有重要意义。

4. 从楚帛书中辨认出来的字增加了100多个

在出土的先秦文献中，楚帛书为价值最高者之一。它从人类祖先伏羲、女娲巢居于森林的故事开始讲述，朴素地勾画出了上古社会发展史的轮廓。它于1942年在长沙子弹库被盗墓者掘出，1946年流失到美国，现藏于美国纽约都城博物馆。

据中山大学古文字学者曾宪通教授介绍，饶宗颐先生从20世纪50年代起就开始研究楚帛书，但是直到1964年，才首次在纽约一私人收藏者处见到了楚帛书原件。在这张三四十厘米见方的丝织绢巾上，中间绘有近千文字，周边绘有四色树木和十二色彩图，是图文并茂的古代墨书真迹。饶先生根据亲眼所见的原物，撰写了《十二月名核论》，支持国内学者李学勤先生的观点，此后又有多角度的论著，均有新的建树。

自楚帛书流失海外，国内学者对楚帛书的研究，早期依据临摹本，后来依据全色照片，到1966年，美国都城博物馆用红外线拍摄帛书照片获得成功。饶先生对红外线拍摄出的清晰照片作了更为周密的研究，论证了楚帛书是真实可靠的楚地文物。

饶先生以渊博的学识得到了都城博物馆的敬重，该馆将楚帛书原大和放大了12倍的红外线照片，寄赠给他，每个黄豆大的字都变成拳头大，这对考证帛书的书法和校正残字、残画大有帮助。根据这套资料，饶先生完全按照帛书原式重新摹写，并对楚帛书全文详加诠释，被辨认出来的字比原来增加了100多字，使学界对楚帛书的认识更为透彻。论著《楚帛书》，集饶先生30余年研究之大成。他指出帛书即楚国“天官书”的佚篇，被学界认为是迄今最为合理的解释。

5. 赴日意英法瑞穷搜流失龟甲，教印度友人学甲骨文，积累渊博梵学知识

甲骨文是3000多年前古人使用的文字，饶先生认为，既然甲骨文以占卜内容为主，可以从研究占卜者入手，开展学术研究。这是一个寂寞而艰苦的巨大工程。

从1954年起，饶先生前往日本、意大利、英国、法国、瑞士等国寻找流失海外的甲骨文。他一件件检视各国馆藏及私人收藏的甲骨文龟片和拓片，查阅国内外甲骨文书籍达58种，还获得7种未曾刊布的甲骨文材料。

1959年，饶先生的甲骨学代表性著作《殷代贞卜人物通考》出版。学者刘钊先生说，这部巨著1400多页、80多万字，从占卜人物入手，重点研究了殷周礼制，复原殷商社会真貌，提出了众多新论，包括“傩”肇始于殷，为殷礼之一的观点。论述过程既体现了饶先生对典籍的熟练掌握，也反映出他对卜辞本身的深切体会。许多解说具有极为精彩的结论和富有启发性的意见。

《殷代贞卜人物通考》的出版，引起一位印度友人对甲骨文的兴趣，他以教授饶先生学习梵文为交换，向饶先生学习甲骨文。饶先生渊博的梵学知识由此发端。

《殷代贞卜人物通考》出版 20 年后，饶先生又主编了大型甲骨文工具书《甲骨文通检》共五册。饶先生在每册卷首都撰有长篇前言，阐述甲骨学研究的新思路和新观点。中山大学历史学家姜伯勤先生说，饶先生曾经指出的《史记》只有河渠书而没有地理志，而从《甲骨文通检》里，共获得古地名 1100 个，证明甲骨文内容可补《史记》之不足。

四、21 世纪汉学将成显学

在国际学术界，到底什么是汉学？它是“显学”吗？在“饶宗颐教授九十华诞国际学术研讨会”上，史无前例地聚集了中外各国的汉学研究专家，记者通过他们了解到国际汉学的学习和研究正在升温，汉学正成为一门显学。

为何既有国学又有汉学的说法？记者请教了与会专家，得到的答案是，国学是我们中国人对自己传统文化精粹研究的统称；汉学，曾经是全世界研究中国传统学问的人共用的名词，而现在外延逐渐扩大，已经不仅局限于古代，而扩充为“中国学”，从文史哲领域也延伸到了经济、政治等多个领域。

到会的澳大利亚知名汉学家柳存仁先生同样已经九十高龄。柳存仁先生认为，现在汉学正在走向一个如日方中的境地，新世纪之初，汉学将要成为显学，汉语也将要和英语一样，成为世界性的语言文字。

饶先生认为，此次史无前例地聚集中外两岸各地南北东西的学术中人聚首一堂，不是为他一个人祝寿，而是为整个国家的学术前途祝福。中国研究在世界上日益受到重视，与中国文化本身自古以来就受到很多国家文化的熏陶有关。如果能贯通中西，在整个人类文明的背景下看点、看线、看面、看体，汉学研究还将会有大的突破。

但也有老一辈汉学家提出了他们的忧虑：“中国热”在年轻人和学界日益升温，但功利实用的倾向明显。

来自日本的水原渭江教授的家族数代学者均为日本天皇的汉学老师，为天皇教授汉学、唐乐，包括中国古典诗词等方面的知识。他说，现在的年轻人对中国其实也很感兴趣，但更多的是关注近现代的东西，与经济有关的居多，而且语言练习之外不爱好古典文化。水原教授觉得十分遗憾，因为不了解中国的古代史、传统文化，就难以真正理解近现代的中国。

五、饶宗颐访谈录

由于年事已高，90 岁高龄的饶先生由女儿照顾，基本处于闭门谢客状态。

在香港潮州会馆林权林先生的帮助下，记者来到饶先生经常出现的地方，那是在香港跑马地繁华地带一家以潮州口味为特色的菜馆。先生每周来这里四五次，一般都是由女儿陪着，父女两个在高楼大厦的狭窄街道中散步十来分钟，走来吃上一餐家乡美味。

我们提前到达饭店。等了约十来分钟，一位老人在一位女士陪伴下走进玻璃大门。老人身着宽身粉红色对襟中式丝绸衫，露出里面红色丝绸缎面滚金边中式立领。这样一位白皙、清癯的老人，穿着这样温暖舒服的衣裳，这样微笑着走来，真是令人如沐春风。

1. 从小打坐爱睡“回笼觉”

记者：饶先生，我们向您恭贺90大寿。您这样高寿，又这样精神，真是令人羡慕。

饶宗颐：我年轻的时候，学过一点佛家的、儒家的、道家的东西，每天打坐。我有个习惯，早上两三点钟就起来，做我的研究，做完后又回去睡觉。现在这个习惯改了，年纪大了，不能够做到了。

2. 感谢顾颉刚和中山大学

记：能说说您同顾颉刚先生，同中山大学的交情吗？

饶：顾先生是我的一个很早的知己，到今天我还感谢顾先生。顾先生是一个了不起的人，他的好处是提拔人才。我也是他提拔的，那时我在中山大学的广东通志馆，那时中大在石牌，而这个机构在文德路。我在那里看书，修志，撰写稿子。

记：当年您好像只有十几岁。

饶：我18岁。我的学问是中山大学濡染出来的，我感激中山大学。我年轻时，由邹海滨（邹鲁，前中山大学校长）请我。那时全中国地方志，北京是第一位的，它是首都所在；中山大学是第二位的。

记：这么说中山大学是您起步做学问的地方？

饶：这个对我的一生都有影响，所以我很感谢中山大学，感谢那些方志。禹贡学会是顾颉刚先生在北京创办的，我在中山大学参加禹贡学会后，第一篇论文叫《潮州旧志考》，就发表在顾先生主编的《禹贡》半月刊上，这以后我的文章可以随便在《禹贡》上发表。那时顾先生正在主编《古史辨》，他叫我主编第八册《古地理辨》，我也编好了，但是因为一些原因，当时我没有拿出来出版。顾先生是第一个提拔我的人，他在《禹贡》看到我发表的文章，他也不知道我是多少年龄，其实当时我十几岁。这时我同顾先生都还没有见过面。

3. 了解世界汉学是“缘分”

记：我们认真研究了先生的学术年表，又去作了一些对比，感觉先生的研究领域非常宽阔。所以想请先生谈一谈看法，就是学术环境对于一个学人的重要性。

饶：这是我生命中的幸运，佛教叫缘分，印度人说“结缘”。从20纪50年代到80年代，我已经去过世界很多地方。50年代我在香港大学教书时，每年都被派到外国去开会，与欧洲结缘，法国人也授予我“儒莲汉学奖”；后来我又去印度，在整个国家旅行，学了点印度的东西，明白印度文化是怎么形成的；东南亚也差不多跑遍了，后来我又在新加坡大学教书；我还有机会去了美国……在世界上几个主要国家，我都参加他们的汉学研究，在每一个地方与那里的汉学家共同生活一段时间，了解他们做学问的方法，这是我的幸运。

4. 很佩服好朋友钱钟书

记：内地学界有北钱（钟书）南饶，或北季（羡林）南饶的说法，您同钱钟书先生的交往是什么年代?

饶：我们很熟，是好朋友。1980年我在大陆旅行三个月，那一次，我到北京去看他，那时他的《管锥编》还没有出来。

我同钱先生见面后很谈得来，记得一个很有趣味的事情，我送给他我写的一本词，叫《晞周集》。这本书是我在耶鲁大学研究院教书时写的，是“和周美成词全部”，是大名鼎鼎的张充和帮我抄写后出版的。他也送给我《管锥篇》的手稿。我很佩服他这个人，他收集的材料，一点一滴都不放松，一个东西改很多次。这部手稿是在印出来的书上，他自己又在上面加了很多东西，我现在还保留着。

记：季羡林先生同您的友谊也不错吧。

饶：我们的友谊也很好。季先生在我的《清晖集》里写的序，我怕会得罪很多人。因为他赞扬我的书画，把我捧得太高了。

5. 有怀疑精神才能做学问

记：说到《古史辨》，有一件事想听听您的看法。《古史辨》的思想基础是“疑古”。20世纪二三十年代以来，以顾颉刚先生为代表的“疑古派”怀疑古文献的真实性，并以“疑古”精神研究古史。20世纪90年代前后，中国夏商周断代工程首席科学家李学勤写了一篇《走出疑古时代》的文章，对“疑古”观提出质疑，在内地学界引起一场论战。您对这件事怎么看?

饶：这件事情我知道，近代中国100年的学术史都在我的脑袋里。我跟学勤是老朋友，他的《走出疑古时代》我也看了，他批评“疑古”，我觉得比较激烈了一点。因为怀疑精神基本上是做学问的一个条件，学术上没有什么事情是不能怀疑的。我最欣赏季羡林讲我的学问时有一句话：“他最能发现问题，最能提出问题。”我觉得他这句话最中我的心意。“走出疑古时代”？“疑古”是没有时代的，疑古可以延长到很久，因为古代很多东西我们弄不清楚，人家讲得不对我们就要怀疑，文献记载不清楚，矛盾太多了。我个人认为，我今天还在疑古，因为很多古代问题不是一下子可以解决的，今天出了很多新东西，但也出了很多新问题，有些问题远远没有解决。现在到处都是这样，不是中国才这样。当然没有旧材料就没有办法解释新材料，可是旧材料有太多矛盾，如何把它理清楚？永远也理不清楚。我的立场是这样子。

6. 中国文化最好部分是“忍”

记：您认为国际上的汉学研究，哪个国家水平比较高？

饶：这个我不好评论，我不得罪任何国家。我有一个基本条件，看你能不能写中文。我们在英国，用中文写的汉学论文，它不发表，要求用英文。为什么要求我们的汉学一定要用英文写？这不公道嘛，没有道理嘛。

记：您觉得中国文化最好的东西是什么？

饶：我觉得是能够“忍”。这是了不起的。我们中国还有个“人情”也很好，大家有事还是要坐下来谈判，商量商量，问题就解决了。一些外国人一句不合就翻脸了。所以中国人能够容纳很多不同的宗教，把他们平衡，就摆平了。

7. 支持北大修“经”修“藏”

记：现在国内有一种文化现象，就是关于国学的复兴。您认为对于国学的学习，最为关键的是要注意什么？

饶：比如背诵古诗文，就要商量，哪些应该背，哪些不应该背。也不是所有人都要去研究国学，这个大家都要坐下来研究。国学中有些东西是不必要去学的，比如背《三字经》就没有必要。小孩子学国学，先要把朝代先后弄清楚，就是要了解自己国家基本的历史。

记：有一种思潮，就是反思“五四”新文化运动，反思一个世纪以来中国传统文化在传承上逐渐走向断层，你怎么看待这个问题？

饶：从学术的发展看，我认为“五四”新文化运动既有它的贡献，也有它的缺点。最大的贡献是白话文，出现了一种新文体，这就是语体文。白话文把语音简单化，这是很大的贡献。说到它的缺点，是方法上面的，就是在排除古代的东西方面，偏激了一点。比如我对胡适先生很尊重，我见过他。我最欣赏他的，是他对自己的小脚太太不离不弃，还有他对人家写来的信都复信。复信，这个我做不到。而对他的方法，就是对他的“大胆假设，小心求证”持保留态度。我认为不要太大胆假设。科学嘛，是要讲试验的。这个假设不要乱假设，不要太快乱假设，求证是应该的，这是做学问的态度。同时，我们也不应把经变成史，变为史料。我曾向北大的人建议要有我们的经。我们有十三经，但是要改良。比如有些东西不应该入经，如《尔雅》，它是训诂的书，不应该入经，我们的经要重新整理。现在国家昌明，大家要坐下来，研究一下这个问题。

记：现在国家经济条件好起来后，很多地方在修典。

饶：现在由北京大学汤一介先生主持，又开始编纂一部大书，叫作《儒藏》，我在里面做顾问。中国有儒、道、释三家。释、道都有藏，儒家没有藏。儒应该有藏。最丰富的是《道藏》，它把很多儒家的书摆在里头，比如《易经》，还有《老子》、《墨子》、《庄子》。我们今天也有非常客观的新材料可以用，可以把包括新出土的文献在内的所有典籍都汇集起来，成为一部最完备的儒学典藏。这部《儒藏》编定之后，就形成了新“三藏”。过去讲“三藏”是指佛教里边的“经、律、论”，而现在这个新“三藏”，是指儒、释、道各有一部经典。我的意思，一个经，一个藏，要整理。我们国家现在提出和谐的观念，这个很好，这些工作都要扎扎实实地慢慢做，不要太急。

（原载《羊城晚报》2006 年 12 月中旬的几次报道）

注　释：

①樊克宁：羊城晚报首席记者、高级记者；邓琼：羊城晚报记者。

2007年 8 月 2 日饶教授在审阅《东洲鸿儒》书稿

2007年饶教授在为本书选材

2007年 8 月 2 日编者向饶教授汇报《东洲鸿儒》编辑情况

后 记

《东洲鸿儒：饶宗颐九十寿庆集锦》系《梨俱预流果——解读饶宗颐》的姊妹篇，书名均由原中共广东省委书记吴南生先生题写。《东洲鸿儒》的名称出自钱仲联教授之文《以古茂之笔，抒新纪之思》，他称饶宗颐先生为九州百世之“东洲鸿儒”。

2006年12月饶教授九十华诞，香港、澳门以及内地举办了一系列庆祝活动，为记录这一系列活动，由本人、潮州摄影协会摄影师陈友群先生、《羊城晚报》摄影记者郑迅先生全程跟踪摄影，把很多珍贵的场景记录下来。从香港到潮州全程摄影4 800多张，然后由本人和许栩小姐认真仔细挑选，按先后顺序排列，其中还穿插了一些历史照片，图文并茂地向读者展示庆祝活动的全过程。编此书的目的除了向饶教授祝寿、纪念他九十华诞之外，更想把饶教授70载治学从艺的辉煌成就介绍给大家，让大家以饶教授为榜样，学习他为学、为艺、为人的精神，学习他把研究和弘扬中华民族传统文化紧密结合的博大胸怀。

本书用了八个多月的时间整理、编写。期间，饶教授五次亲自审阅书稿并提出修改建议，饶清芬女士、邓伟雄先生提供了有关文章和资料；中山大学曾宪通教授亲自修改全稿并为本书定副标题。为本书提供资料的还有：原暨南大学副校长饶芃子教授、中山大学姜伯勤教授等学者。

本书同时得到广东高等教育出版社张耀荣社长、朱仲庆副总编、香港大学饶宗颐学术馆郑炜明博士、潮州饶宗颐学术馆陈伟明馆长的大力支持帮助，在此一并表示深深的谢意！

《东洲鸿儒》作为献给饶教授的生日礼物，表达我们对饶教授的感恩和敬爱，感谢他多年来对我们后辈的教诲，特别是他教导我们要拥有一颗“成人之美”的心，他老人家对我说：“人在困难中，常常只差一步、半步，只要你帮他扶一把、托一下，那么困难就克服了，他或者因此而成功！”正是他的一番话，使我在工作中受益匪浅。我想，在社会生活中，大家应像饶教授一样，常怀关爱之心，那么，社会将变得更加和谐。

陈韩曦

2007年9月

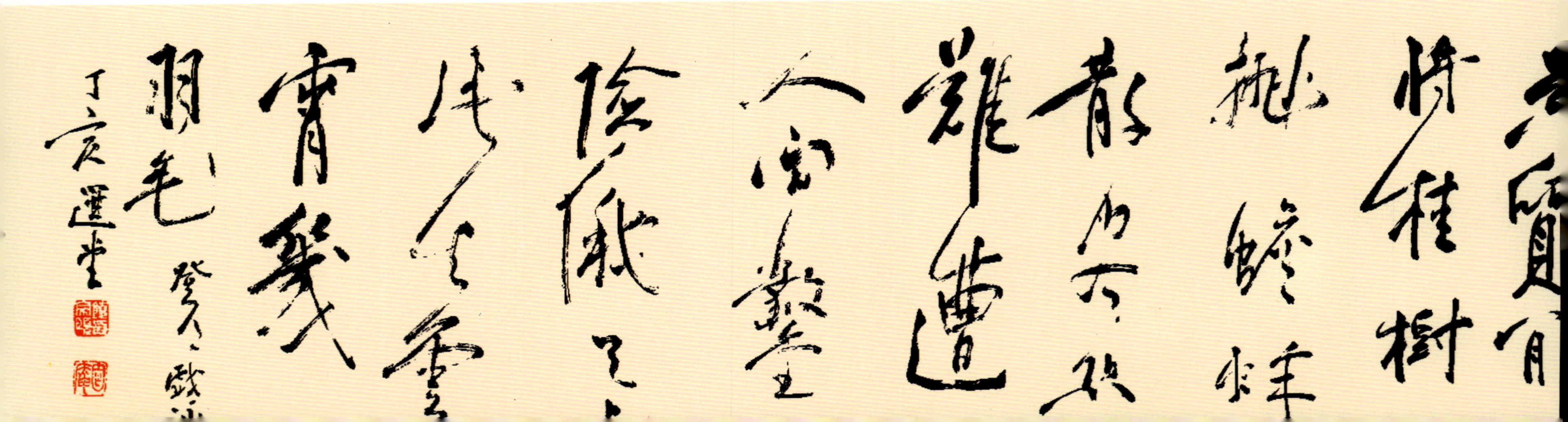